悪魔《あくま》くん登場《とうじょう》

「この子《こ》でもない。この子《こ》もちがう…」

こうつぶやきながら、一人《ひとり》の老人《ろうじん》が、ある子《こ》どもを探《さが》して東北《とうほく》の山村《さんそん》や北国《きたぐに》の温泉町《おんせんまち》を旅《たび》して歩《ある》いていた。

気力《きりょく》だけで三百《びゃく》年間《ねんかん》も生《い》きながらえてきたこの老人《ろうじん》こそ、悪魔《あくま》を呼《よ》び出《だ》したことがある、世界《せかい》でただ一人《ひとり》の男《おとこ》、ファウスト博士《はかせ》であった。

ファウスト博士《はかせ》が探《さが》し求《もと》めている子《こ》どもは、三千《ぜん》年前《ねんまえ》のユダヤの予言《よげん》にあるとおり、地下《ちか》から悪魔《あくま》を呼《よ》び出《だ》し、その力《ちから》を利用《りよう》して世界《せかい》を一《ひと》つの国家《こっか》にし、夢《ゆめ》のような天国《てんごく》を地球《ちきゅう》上《じょう》につくるといわれている天才児《てんさいじ》である。

名《な》を悪魔《あくま》くんという。

ファウスト博士《はかせ》は、もしも自分《じぶん》が死《し》んだら、幽霊《ゆうれい》になってでも、悪魔《あくま》くんに悪魔《あくま》のあつかいかたを教《おし》えなければならない使命《しめい》があった。

ちょうどそのころ、東京《とうきょう》の武蔵野《むさしの》の一角《いっかく》では、雷《かみなり》のような原因不明《げんいんふめい》の地鳴《じな》りが続《つづ》いて、住民《じゅうみん》は悩《なや》まされていた。その地鳴《じな》りは、山田真吾《やまだしんご》という名《な》の少年《しょうねん》の家《いえ》の近《ちか》くがもっともひどかった。

山田真吾《やまだしんご》。あだ名《な》は悪魔《あくま》くん。彼《かれ》は、自分《じぶん》が一万年《まんねん》に一人《ひとり》しか生《う》まれ出《で》ない天才児《てんさいじ》であることを、ひた隠《かく》しに隠《かく》して、平凡《へいぼん》な少年《しょうねん》として日々《ひび》過《す》ごしていた。だが、夜《よる》になるとひそかに、悪魔《あくま》を呼《よ》び出《だ》す研究《けんきゅう》を続《つづ》けていたのである。

その夜《よる》も、悪魔《あくま》くんは級友《きゅうゆう》の貧太《ひんた》を家《いえ》に呼《よ》んで密談《みつだん》をしていた。

「ユダヤの古書《こしょ》である『光輝《ゾハル》の書』『創造《イエジラ》の書』さらには『魔法大全《まほうたいぜん》』までも、まちがいであることがわかった。じっさいに悪魔《あくま》を呼《よ》び出《だ》すことができるのは、三百年前《びゃくねんまえ》の、ファウスト博士《はかせ》の著書《ちょしょ》だけだ」

「すると、いよいよ、悪魔《あくま》を呼《よ》び出《だ》せる段階《だんかい》にきたんだな」

「そうだ。さっそく裏《うら》の秘密《ひみつ》の穴《あな》へ行《い》こう」

二人《ふたり》は、家《いえ》の裏《うら》の寺《てら》に急《いそ》いだ。秘《ひ》密《みつ》の穴《あな》は、寺《てら》の、ある石像《せきぞう》の下《した》から通《つう》じている。

「悪魔《あくま》くん。きみはほんとうに地下《ちか》から悪魔《あくま》を呼《よ》び出《だ》して、その力《ちから》で世《せ》界《かい》を統一《とういつ》するのかい?」

「ああ。世界《せかい》が一つになり、だれもが幸福《こうふく》に暮《く》らせる社会《しゃかい》をつくるのだ」

「それじゃあ、ぼくのように両親《りょうしん》のいない子《こ》どもでも、みんなと同《おな》じように暮《く》らせるんだな」

「そうだよ」

「悪魔《あくま》くん、ぼくは手伝《てつだ》うぜ。早《はや》くそんな世界《せかい》をつくってくれよ」

地下《ちか》は、広《ひろ》い洞穴《どうけつ》になっていた。悪魔《あくま》くんは一枚《まい》の紙《かみ》を取《と》り出《だ》し、貧《ひん》太《た》に説明《せつめい》した。

「いいかい、これが悪魔《あくま》を呼《よ》び出《だ》す魔法陣《まほうじん》の図面《ずめん》なんだ。ここに、まちがいのないように記《しる》すんだ」

「よし、わかった」

悪魔《あくま》くんの指示《しじ》のもとに、洞穴《どうけつ》の床《ゆか》には、数字《すうじ》や記号《きごう》が記《しる》された魔法《まほう》陣《じん》が描《えが》かれた。

「では、やろう！」

悪魔《あくま》くんは左手《ひだりて》に書物《しょもつ》を持《も》ち、右《みぎ》手《て》をあげて呪文《じゅもん》を唱《とな》えはじめた。

「エロイム、エッサイム。われは求《もと》め訴《うった》えたり」

すると、魔法陣《まほうじん》の中心《ちゅうしん》から、ぽうっと煙《けむり》が立《だ》ち上《のぼ》り、地面《じめん》がかすかにゆれだした。悪魔《あくま》くんと貧太《ひんた》は、事《こと》のなりゆきをいくらか不安《ふあん》に思《おも》いながら、なおも呪文《じゅもん》を唱《とな》え続《つづ》けた。

「エロイム、エッサイム。われは求《もと》め訴《うった》えたり」

魔法陣《まほうじん》の中《なか》の大地《だいち》は、やがて溶岩《ようがん》のようにどろどろ溶《と》けて、うなりをあげて回《まわ》りだした。

「エロイム、エッサイム。われは求《もと》め訴《うった》えたり」

溶《と》けだした魔法陣《まほうじん》の中《なか》の大地《だいち》は、ゴオーッというすさまじいうなりを続《つづ》け、いっそう激《はげ》しく回《まわ》っている。

とつぜん、大地《だいち》が火山《かざん》のように盛《も》りあがると、それをつき破《やぶ》って、何《なに》ものかが出現《しゅつげん》した。中《なか》から現《あら》われ出《で》たのは、不気味《ぶきみ》なほど巨大《きょだい》な手《て》だった。

二人《ふたり》は、いまや恐怖心《きょうふしん》すら通《とお》りこし、まるで何《なに》かにつかれでもしたかのように、呪文《じゅもん》を叫《さけ》び続《つづ》けた。

が、しかし、その巨大《きょだい》な手《て》は、現《あら》われて何《なに》をするということもなく、また大地《だいち》の中《なか》に引《ひ》きこもってしまい、やがて完全《かんぜん》に姿《すがた》を消《け》してしまった。悪魔《あくま》を呼《よ》び出《だ》すことは、失敗《しっぱい》に終《お》わったのである。

翌朝《よくあさ》、悪魔《あくま》くんが学校《がっこう》に行《い》くと、待《ま》ちかねたように貧太《ひんた》が言《い》った。

「学校《がっこう》の裏《うら》の焼《しょう》却炉《きゃくろ》のところに、ファウスト博士《はかせ》という老人《ろうじん》がいるよ」

「なに、ファウスト博士《はかせ》？」

貧太《ひんた》といっしょに焼《しょう》却炉《きゃくろ》に行《い》くと、たしかに一人《ひとり》の老人《ろうじん》が、ぼろぼろの服《ふく》を着《き》て、杖《つえ》を片手《かたて》に座《すわ》っていた。

「わしがファウストじゃ」

「三百年前《びゃくねんまえ》、悪魔《あくま》を呼《よ》び出《だ》された、あのファウスト博士《はかせ》ですか？」

悪魔《あくま》くんがたずねると、老人《ろうじん》は静《しず》かにうなずいた。大《おお》いなる天才《てんさい》と、偉大《いだい》なる博士《はかせ》は、ここにようやく出《で》会《あ》えたのだった。博士《はかせ》は言《い》った。

「天地《てんち》が過《す》ぎゆかぬうちに、わが秘《ひ》法《ほう》を伝授《でんじゅ》しよう。さあ、いっしょに来《き》なさい」

悪魔《あくま》くんと貧太《ひんた》は、博士《はかせ》とともにふたたび秘密《ひみつ》の洞穴《どうけつ》へ向《む》かった。悪《あく》魔《ま》くんが、昨夜《さくや》の実験《じっけん》のことを話《はな》すと、博士《はかせ》は答《こた》えて言《い》った。

「巨大《きょだい》な手《て》、それはただの土《つち》の精《せい》じゃ。悪魔《あくま》は、大気《たいき》の精霊《せいれい》を呼《よ》び出《だ》して、その大《おお》きな力《ちから》で呼《よ》び出《だ》さねばだめなのだ。大気《たいき》の精霊《せいれい》は、地鳴《じな》りのようなものすごい音《おと》とともに現《あら》われる。が、これは体力《たいりょく》のいる仕事《しごと》での。地水火風《ちすいかふう》の激《はげ》しい変動《へんどう》にたえねばならん。おまえたちは、魔法陣《まほうじん》のまわりでエロイム、エッサイムを唱《とな》えるがよい。わしは、丘《おか》の上《うえ》で精霊《せいれい》

を誘導《ゆうどう》する」

悪魔《あくま》くんと貧太《ひんた》は、博士《はかせ》に言《い》われたとおり、呪文《じゅもん》を唱《とな》えはじめた。博《は》士《か》は丘《おか》の上《うえ》に立《た》ち、天空《てんくう》に両手《りょうて》を広《ひろ》げて叫《さけ》んだ。

「エロイム、エッサイム。くち果《は》てし大気《たいき》の精霊《せいれい》よ。万人《ばんにん》の父《ちち》の名《な》のもとに行《おこ》なう、わが要求《ようきゅう》に答《こた》えよ」

すると、博士《はかせ》の霊波《れいは》は、はるかかなた、太平洋《たいへいよう》の上空《じょうくう》で反応《はんのう》を示《しめ》した。洞穴《どうけつ》では、悪魔《あくま》くんと貧太《ひんた》の呪文《じゅもん》によって、またもや魔法陣《まほうじん》の大地《だいち》が溶《と》けて回《まわ》りはじめた。と、そのとき、バーンというすさまじい爆発音《ばくはつおん》がとどろきわたった。悪魔《あくま》くんは貧太《ひんた》を残《のこ》して丘《おか》の上《うえ》に走《はし》った。

丘《おか》の上《うえ》では、博士《はかせ》が力《ちから》つきて倒《たお》れていた。悪魔《あくま》くんが駆《か》けつけると、博士《はかせ》は、

「わしは、これまでじゃ…」

と、うめくように言《い》い、最期《さいご》の力《ちから》をふりしぼって悪魔《あくま》くんに話《はな》し続《つづ》けた。

「悪魔《あくま》はもう出《で》ているはずじゃ」

「悪魔《あくま》が現《あら》われたら、契約《けいやく》をしなければならない。悪魔《あくま》はけちで、報酬《ほうしゅう》がないと何《なに》もしないぞ。だが、契約《けいやく》をするとき、へたをすると次々《つぎつぎ》に要求《ようきゅう》を出《だ》され、尻《しり》の毛《け》までぬかれてしまう。悪魔《あくま》を使《つか》うにはこれしかない」

博士《はかせ》はそう言《い》って、悪魔《あくま》くんに笛《ふえ》を差《さ》し出《だ》した。

「偉大《いだい》なソロモンの笛《ふえ》だ。この笛《ふえ》でおどしながら有利《ゆうり》に契約《けいやく》し、人類《じんるい》の夢《ゆめ》、地球《ちきゅう》が一つになり、万人《ばんにん》が兄弟《きょうだい》になる国《くに》を実現《じつげん》してくれ……」

言《い》い終《お》わると、博士《はかせ》はついに息絶《いきた》えてしまった。

そこへ貧太《ひんた》が、悪魔《あくま》くんを呼《よ》びにやって来《き》た。魔法陣《まほうじん》から悪魔《あくま》が出現《しゅつげん》したというのだ。悪魔《あくま》くんが急《いそ》いで行《い》ってみると、黒《くろ》のシルクハットをかぶった男《おとこ》が一人《ひとり》、石《いし》の上《うえ》に腰《こし》かけている。悪魔《あくま》くんは切《き》りだした。

「あなたが悪魔《あくま》さんですか…」

悪魔《あくま》は不敵《ふてき》な笑《わら》いを浮《う》かべた。悪《あく》魔《ま》メフィストであった。

悪魔くん 魔界大百科

水木しげる

読者のみなさんへ

悪魔くんは、世界にたった一人しか生まれなかったという天才で、人間の気づかないこととか、知らないことを何でも知っており、ついに、悪魔を呼び出すことに成功した少年です。

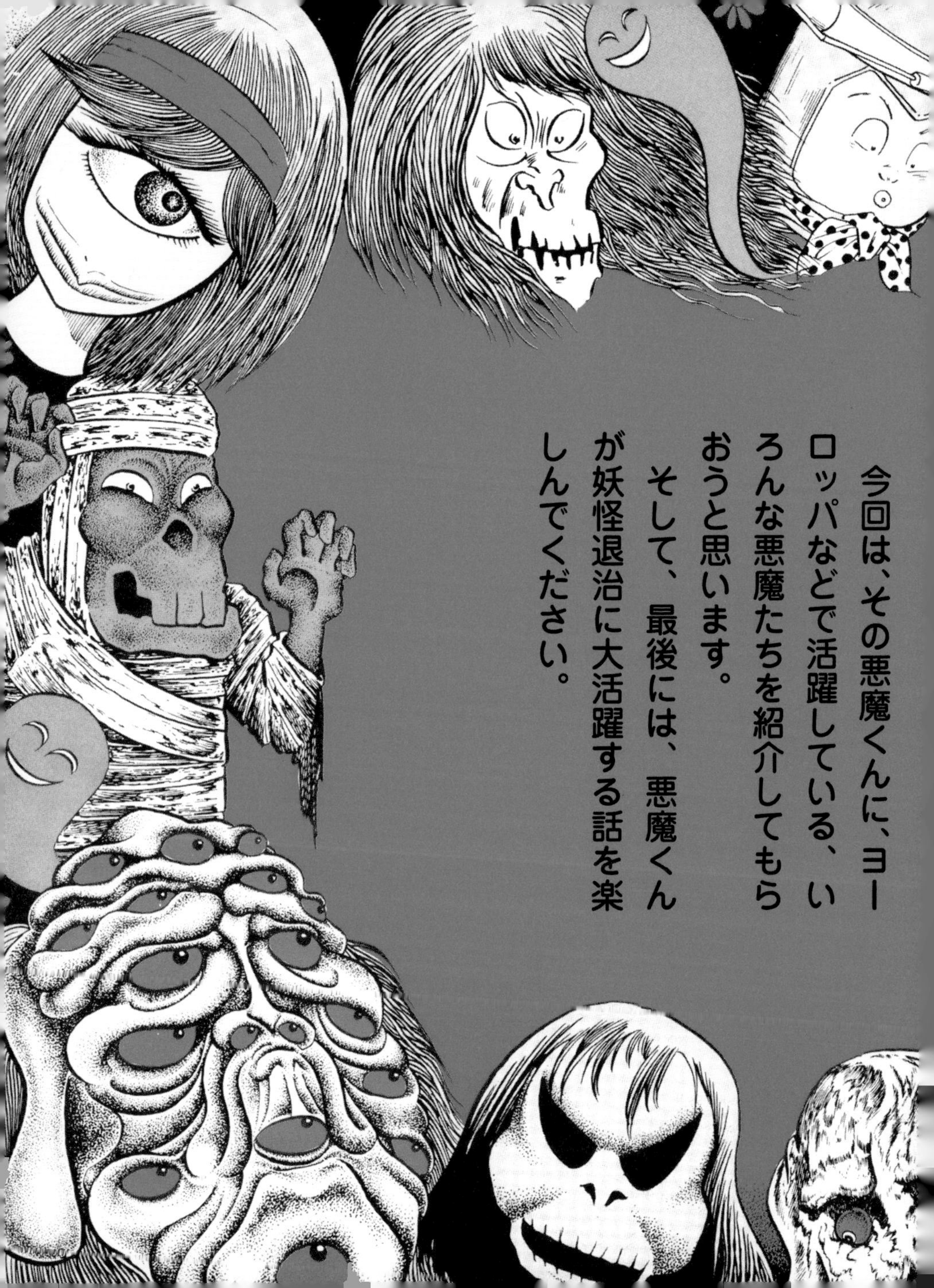

今回は、その悪魔くんに、ヨーロッパなどで活躍している、いろんな悪魔たちを紹介してもらおうと思います。

そして、最後には、悪魔くんが妖怪退治に大活躍する話を楽しんでください。

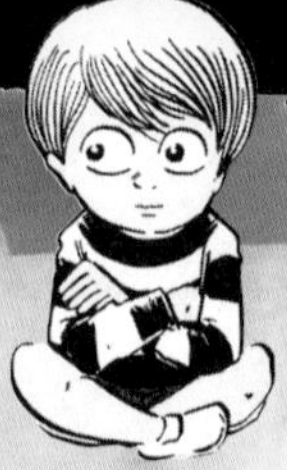

悪魔くん魔界大百科 目次

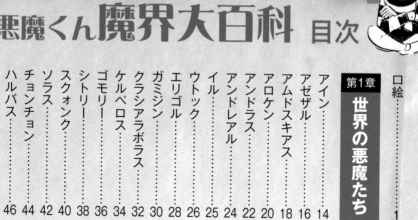

第4章
悪魔の世界

第5章
悪魔くん大活躍

第《だい》1章《しょう》 世《せ》界《かい》の悪《あく》魔《ま》たち

悪魔《あくま》 アイン

世界《せかい》をまたにかけて、悪事《あくじ》を働《はたら》く。主《おも》に、手《て》に持《も》ったたいまつを使《つか》って、火事《かじ》を起《お》こす。毒蛇《どくへび》に乗《の》って空《そら》を飛《と》びまわるので、山《やま》を焼《や》きつくすことも、簡単《かんたん》にできる。燃《も》えさかる炎《ほのお》を見《み》て喜《よろこ》ぶというのが、悪魔《あくま》らしいところなのかもしれない。

地形《ちけい》をくずしたり、いろいろなものを破壊《はかい》することも大好《だいす》きだ。人間《にんげん》界《かい》を乱《みだ》すのが、悪魔《あくま》の生《い》きがいでもあるのだろう。

原因《げんいん》のわからない山火事《やまかじ》なんか案外《あんがい》、こいつのしわざかもしれんな

ねえメフィストぼくは火遊《ひあそ》びなんかしたことないよほんとうだっては—

●悪魔《あくま》●

アゼザル

"サタン"が現《あら》われてから、この"アゼザル"も、すっかり落《お》ち目《め》になってしまった。それまでは、イスラエルで思《おも》う存分《ぞんぶん》、したいほうだいをしていたが、現在《げんざい》は、世界《せかい》じゅうの荒《こう》野《や》をさまよい歩《ある》いている。そして、動物《どうぶつ》とか昆虫《こんちゅう》に悪霊《あくりょう》を植《う》えつけ、人間《にんげん》の生活《せいかつ》をおびやかしている。

これから、みなさんに世界《せかい》じゅうのいろんな悪魔《あくま》たちを紹介《しょうかい》しまーす

ねえメフィスト待《ま》ってくれよきみも一応《いちおう》悪魔《あくま》なんだから自分《じぶん》のことを紹介《しょうかい》してくれないかい？

悪魔《あくま》

アムドスキアス

姿《すがた》は、こうもりに似《に》ていて、二本《ほん》の角《つの》を生《は》やしている。

いつもバイオリンを持《も》ち歩《ある》き、人《にん》間《げん》のもとへ現《あら》われたときにも、すぐに弾《ひ》きはじめる。

〝アムドスキアス〟が弾《ひ》く音楽《おんがく》というのは、この世《よ》のものとは思《おも》えない不思議《ふしぎ》なメロディーで、美《うつく》しく、人《ひと》の心《こころ》をとらえるものがあり、音楽家《おんがくか》のなかには、この〝アムドスキアス〟の曲《きょく》をヒントに作曲《さっきょく》した人《ひと》も多《おお》い。

また、この悪魔《あくま》は、世界《せかい》じゅうのどんな楽器《がっき》でも弾《ひ》きこなしてしまうという。

おれは
悪魔《あくま》メフィストだ
エイッ、魔力《まりょく》・
メフィストがんじがらめ！
これでもう、みんなは
おれの魅力《みりょく》のとりこだぜ

ああ
なんて
すばらしい
音色《ねいろ》だろう
グ——
グ——

悪魔《あくま》

アロケン

人間《にんげん》を見《み》つけしだいに捕《つか》まえては、背負《せお》ったかごの中《なか》に入《い》れ、さらって行《い》ってしまう、という巨人《きょじん》である。日本《にっぽん》の妖怪《ようかい》に〝夜道怪《やどうかい》〟というのがいて、この妖怪《ようかい》が、汚《きたな》い身《み》なりをして、袋《ふくろ》をかつぎ、やはり人《ひと》を連《つ》れ去《さ》る。〝アロケン〟は、この妖怪《ようかい》によく似《に》ているようだ。ただし、〝夜《や》道怪《どうかい》〟は僧《そう》の姿《すがた》をしているが、〝アロケン〟は老人《ろうじん》の姿《すがた》をしている。

〝アロケン〟の魔《ま》の手《て》から逃《のが》れる方《ほう》法《ほう》は、すぐに魔法陣《まほうじん》を描《えが》き、その中《なか》に立《た》つことだ。

なに？ おれも老人《ろうじん》みたいな姿《すがた》をしてるって!? そ、そ、そんなことはないわい

こんな巨人《きょじん》にとっては人間《にんげん》も虫《むし》けらのようだね 捕《つか》まった人間《にんげん》たちはいったい、どうなってしまうんだろう？

悪魔《あくま》

アンドラス

ふくろうの顔《かお》をしていて、翼《つばさ》をもっている。現《あら》われるときは、黒《くろ》い狼《おおかみ》の背《せ》にまたがっている。

夜《よる》になると、町《まち》から町《まち》へと飛《と》びまわり、たくさんの人間《にんげん》にけんかをするようにしむける。しかし、自分《じぶん》も長《なが》い魔剣《まけん》を持《も》っているので、殺人《さつじん》を犯《おか》した人間《にんげん》は、この剣《けん》で殺《ころ》してしまう。

けんかはよいが、殺人《さつじん》はいけないというのであろうか。

夜《よる》、町《まち》でよくけんかしてる人《ひと》を見《み》かけ　もんね
うわ——っ よしてくれよ ぼくは けんかが きらいだって いってるじゃ ないか

悪魔《あくま》

アンドレアル

孔雀《くじゃく》の羽《はね》をもち、人間《にんげん》を鳥《とり》の姿《すがた》に変《か》えてしまうという魔力《まりょく》をもっている。

また、空中高《くうちゅうたか》く飛《と》ぶことができるので、宇宙《うちゅう》の星《ほし》の位置《いち》はもちろん、全宇宙《ぜんうちゅう》の地理《ちり》をすべて知《し》りつくしている。

天文学者《てんもんがくしゃ》なども、そういった点《てん》では、この〝アンドレアル〟の足元《あしもと》にもおよばないだろう。

悪魔《あくま》

イル

悪魔《あくま》の象徴《しょうちょう》のような、長《なが》く、とがった耳《みみ》をもっている。さらに、頭《あたま》には四本《ほん》の角《つの》、背《せ》には翼《つばさ》、その翼《つばさ》と翼《つばさ》の間《あいだ》にもう一つの顔《かお》をもっている悪《あく》魔《ま》である。

古代《こだい》※アッシリア（紀元前《きげんぜん》一八世紀《せいき》～紀元前《きげんぜん》六一二年《ねん》）の国《くに》に出没《しゅつぼつ》し、国《くに》じゅうをかき乱《みだ》した。

〝イル〟には七十七の変化術《へんげじゅつ》があるので、さまざまな人間《にんげん》に化《ば》けて、人々《ひとびと》をだます。

※アッシリア＝西《にし》アジアのチグリス川上流《かわじょうりゅう》のアッシュールを中心《ちゅうしん》とする地方《ちほう》。

●悪魔《あくま》●
ウトック

古代《こだい》※バビロニアの国《くに》に現《あら》われた悪《あく》魔《ま》。

夜《よる》ともなると、農場《のうじょう》にやって来《き》ては、死者《ししゃ》の魂《たましい》を呼《よ》び起《お》こし、死人《しにん》とともに町《まち》の中《なか》をさまよい歩《ある》いた。

そんなところを、運悪《うんわる》く通《とお》りかかろうものなら、たちまち〝ウトック〟に捕《つか》まり、死人《しにん》の仲間入《なかまい》りをさせられてしまう。もし、無事《ぶじ》に帰《かえ》ることができても、その人《ひと》は、必《かなら》ず不幸《ふこう》になるといわれる。

〝ウトック〟は、ふつう、岩《いわ》だらけの山《やま》とか、荒《あ》れ果《は》てた沼地《ぬまち》などに住《す》んでいる。

こんなやつに
捕《つか》まったら
たいへんだ
エイッ、魔力《まりょく》・
地獄落《じごくお》とし!
うーん
なんかきょうは
調子悪《ちょうしわる》いなあ

きみたちも、夜中《よなか》
外《そと》をうろうろしていると
この〝ウトック〟に
捕《つか》まるよ

※バビロニア＝西《にし》アジアのチグリス・ユーフラテス川《がわ》の下流《かりゅう》地方《ちほう》におこった古代帝国《こだいていこく》。

悪魔《あくま》

エリゴル

頭《あたま》に四本《ほん》の角《つの》を生《は》やし、鳥《とり》の足《あし》をもった、戦闘《せんとう》が大好《だいす》きな悪魔《あくま》。といっても、自分自身《じぶんじしん》が戦《たたか》うわけではなく、軍人《ぐんじん》に兵器《へいき》を与《あた》え、人間《にんげん》どうしを争《あらそ》いに導《みちび》くのである。

自分《じぶん》の手《て》は汚《よご》さず、人《ひと》をけしかけ、戦《たたか》いが大《おお》きくなればなるほど、死者《ししゃ》が出《で》れば出《で》るほど喜《よろこ》ぶという、悪魔《あくま》の典型《てんけい》のような性格《せいかく》をしている。

おれも人間《にんげん》どうしが戦《たたか》っているのを見《み》るのは好《す》きだがこれほどまでに悪趣味《あくしゅみ》じゃあないぞ

人間《にんげん》はこんな悪魔《あくま》にけしかけられて戦争《せんそう》をしているのか…なんて、あさはかなんだろう

●悪《あく》魔《ま》●

ガミジン

死《し》んだ人間《にんげん》の霊魂《れいこん》を呼《よ》び出《だ》すことができるので、この力《ちから》を利用《りよう》して、過去《かこ》の情報《じょうほう》を集《あつ》めている。死人《しにん》から直接話《ちょくせつはなし》を聞《き》くわけだから、生《い》きている人間《にんげん》のうそをあばくことも、簡単《かんたん》だ。

〝ガミジン〟は、世界《せかい》じゅうの犯罪《はんざい》人《にん》の名《な》まえと罪状《ざいじょう》を知《し》っているが、それは、こうした魔力《まりょく》を備《そな》えているからだ。

馬《うま》の怪獣《かいじゅう》が、〝ガミジン〟の大事《だいじ》なアシスタントにもなっている。

悪魔《あくま》

グラシアラボラス

人間《にんげん》を、それとなく殺《ころ》してしまう術《じゅつ》をはじめとして、百種類《ひゃくしゅるい》くらいの殺《ころ》しのテクニックをもっているといわれている。

しかし、ただ恐《おそ》ろしいだけではなく、悪魔仲間《あくまなかま》には、芸術《げいじゅつ》の上達法《じょうたつほう》を教《おし》えてあげたりもする器用《きよう》な悪魔《あくま》である。

芸術《げいじゅつ》の上達法《じょうたつほう》だって? そんなことより金《かね》もうけの上達法《じょうたつほう》のほうがありがてえや

おれは百種類《ひゃくしゅるい》どころかもっとたくさんの殺《ころ》しのテクニックを知《し》ってるぜ

●悪魔《あくま》●

ケルベロス

地獄《じごく》の門《もん》を守《まも》っている番人《ばんにん》で、三つの頭《あたま》と蛇《へび》の形《かたち》をした尾《お》をもっている悪魔《あくま》。

※オルフェウスは、たて琴《ごと》を弾《ひ》いて、この悪魔《あくま》をおびき寄《よ》せ、眠《ねむ》らせたといわれ、また、ある者《もの》は、ケシとハチミツで作《つく》った菓子《かし》を与《あた》えて眠《ねむ》らせたと伝《つた》えられている。

″ケルベロス″は、地獄《じごく》に落《お》とされた者《もの》の魂《たましい》を引《ひ》き裂《さ》く鋭《するど》い爪《つめ》をもっている。そして、吠《ほ》えたり、かみついたり、引《ひ》っかいたりする。

だから、死者《ししゃ》のひつぎには、″ケルベロス″を荒立《あらだ》てないように、ハチミツ入《い》りの菓子《かし》を入《い》れたといわれる。

※オルフェウス＝ギリシア神話《しんわ》に出《で》てくる詩人《しじん》、音楽家《おんがくか》。たて琴《こと》の名手《めいしゅ》。

悪魔《あくま》

ゴモリー

がまの妖怪《ようかい》というのは日本《にっぽん》にもいるが、この〝ゴモリー〟は、何万《なんまん》というがまを従《したが》えた悪魔《あくま》である。

ドレスなどを身《み》につけ、着《き》かざってはいるが、とても醜《みにく》い顔《かお》をしている。しかし、醜《みにく》いのは人間《にんげん》の前《まえ》に現《あら》われるときだけであって、ほんとうは美《うつく》しい女性《じょせい》の姿《すがた》をしている。人間《にんげん》を試《ため》すための仮《かり》の姿《すがた》なのだ。

〝ゴモリー〟は、人間《にんげん》の過去《かこ》、現在《げんざい》、未来《みらい》を言《い》い当《あ》てる能力《のうりょく》をもっているので、うそをついてもすぐにばれてしまう。うそをついて、それが見破《みやぶ》られた人間《にんげん》は、この〝ゴモリー〟に溶《と》かされてしまう。

〝ゴモリー〟はほんとうは、とっても美人《びじん》なんだって！メフィストもあこがれてるんだって？
うわべだけにとらわれてほんとうの姿《すがた》を見《み》ようとしないおろかな人間《にんげん》かどうかを試《ため》すんだね

●悪魔《あくま》●
シトリー

ちょっと見《み》ると、化《ば》け猫《ねこ》を思《おも》わせるような不気味《ぶきみ》な姿《すがた》をしているが、意外《いがい》にも、ほんとうはキューピッドの役目《やくめ》をしてくれるのである。つまり、好《す》き合《あ》っている男《おとこ》の子《こ》と女《おんな》の子《こ》の仲《なか》を、うまく取《と》りもってくれるというわけだ。

また、X《エックス》線《せん》のような光《ひかり》を発《はっ》して病《びょう》気《き》を発見《はっけん》してくれたりもするという。

まるで天使《てんし》のような悪魔《あくま》である。

悪魔《あくま》は堕落天使《だらくてんし》だといわれるけど〝シトリー〟はその典型《てんけい》みたいだね

おれも、二、三千年前《ぜんねんまえ》この〝シトリー〟にガールフレンドとの仲《なか》を取《と》りもってもらったことがあったんだよ

悪魔《あくま》

スクォンク

〝スクォンク〟の生息地《せいそくち》は、ツガの森《もり》であるといわれている。

昼間《ひるま》、明《あか》るいときにはめったに姿《すがた》を現《あら》わさない。というのは、いぼとあざにおおわれた醜《みにく》いからだに、コンプレックスをもっているからだという。もともと気《き》が弱《よわ》い悪魔《あくま》のようである。

なにしろ、いつも泣《な》いているので、狩人《かりゅうど》は、この涙《なみだ》の跡《あと》をたどっていくと、〝スクォンク〟に出会《であ》うことができるという。特《とく》に、霜《しも》の降《ふ》る夜《よる》は〝スクォンク〟が動《うご》きたがらないため、ツガの森《もり》の大枝《おおえだ》の下《した》で泣《な》く声《こえ》まで聞《き》かれるという。

〝スクォンク〟は、また、追《お》いつめられて逃《に》げられなくなってしまうと、涙《なみだ》で全身《ぜんしん》が溶《と》けてしまうことがある。

ある人《ひと》が、〝スクォンク〟をおびき寄《よ》せて、捕《とら》えることに成功《せいこう》したが、袋《ふくろ》に入《い》れて家《いえ》へ帰《かえ》るとちゅうで、急《きゅう》に、〝スクォンク〟の泣《な》き声《ごえ》がやみ、荷《に》が軽《かる》くなった。おかしいと思《おも》って袋《ふくろ》の中《なか》をのぞくと、そこには〝スクォンク〟の姿《すがた》はなく、涙《なみだ》とあぶくがあるばかりだった。

※ツガ＝マツ科《か》の常緑高木《じょうりょくこうぼく》。針葉樹《しんようじゅ》。材《ざい》は建《けん》築《ちく》、器具《きぐ》、製紙用《せいしよう》として用《もち》いられる。

ふうん
悪魔《あくま》の中《なか》に
こんな泣《な》き虫《むし》で
気《き》の弱《よわ》いやつが
いるなんて
知《し》らなかった

そんなに
コンプレックスを
もつ必要《ひつよう》など
ないと思《おも》うんだが…
まあ、おれみたいに
もてすぎるのも
考えもんだがな

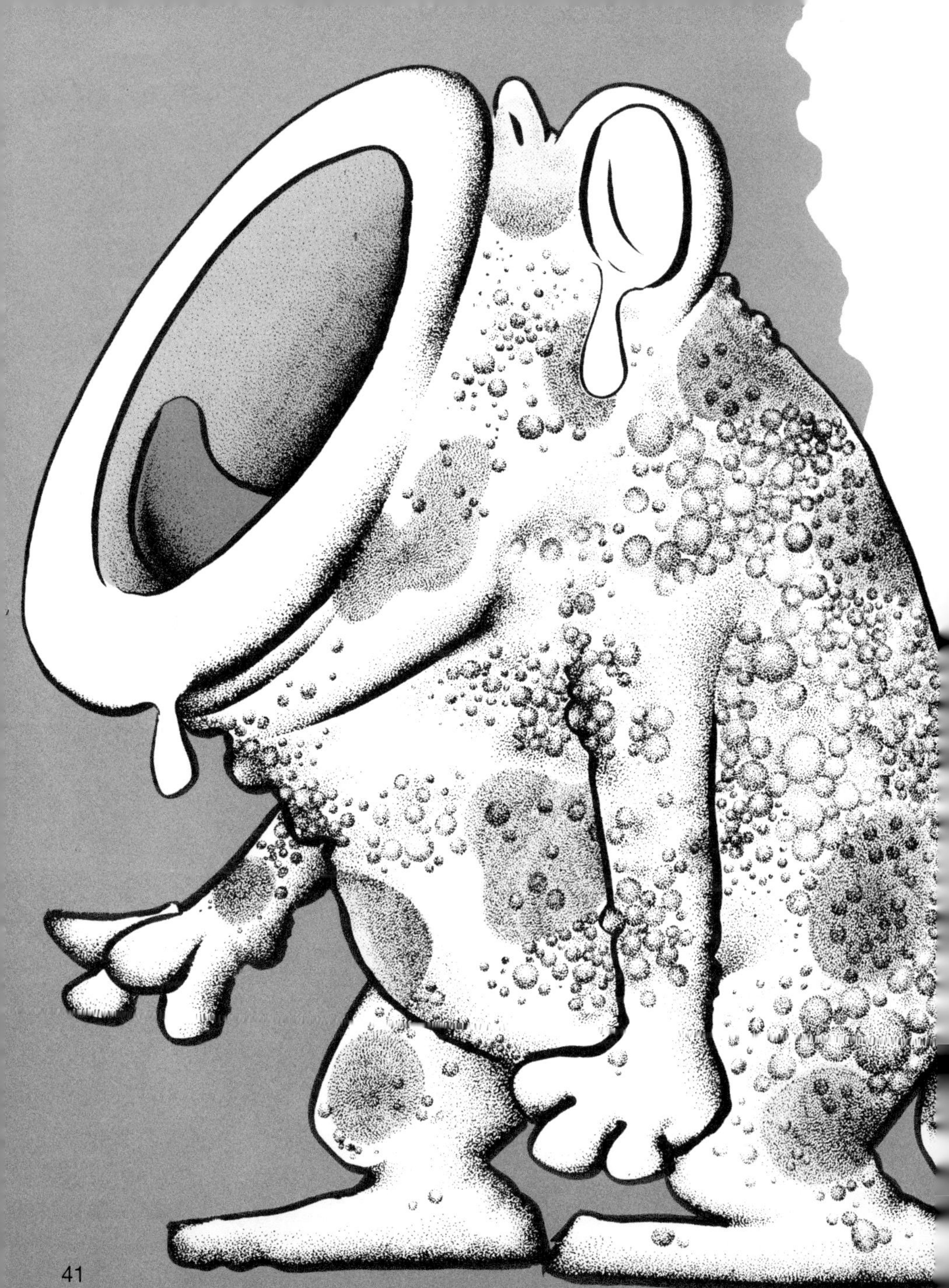

●悪魔《あくま》●
ソラス

"ソラス"の活動《かつどう》は、夜《よる》に限《かぎ》られている。からすによく似《に》た姿《すがた》をしていて、手《て》にはこてを持《も》ち、左官《さかん》のようなかっこうをした悪魔《あくま》。

一夜《いちや》のうちにりっぱな道路《どうろ》を造《つく》り上《あ》げる技術《ぎじゅつ》をもっているほか、どんな破損《はそん》のひどい建物《たてもの》でも、橋《はし》でも、一瞬《いっしゅん》のうちに修理《しゅうり》してしまう。しかも、この"ソラス"の手《て》によるものは、永久《えいきゅう》にこわれないといわれている。

ほう
こんなに器用《きよう》な
やつもいるのか
頼《たの》めば、すぐに
修理《しゅうり》してくれるの
だろうか?

ねえ、メフィスト
"ソラス"がメフィストの顔《かお》を
修理《しゅうり》してくれるってサ
せっかくの機会《きかい》だから
直《なお》してもらいなよ

●悪魔《あくま》●

チョンチョン

頭《あたま》が人間《にんげん》の形《かたち》をした怪鳥《かいちょう》で、耳《みみ》がきわだって大《おお》きく、この耳《みみ》が翼《つばさ》の役《やく》目《め》をする。

妖術師《ようじゅつし》のような力《ちから》をもっているので、〝チョンチョン〟をいじめたりするのは危険《きけん》だという。妖術師《ようじゅつし》だけにしか姿《すがた》を見《み》せず、ふつうの人《ひと》には、チュエ、チュエ、チュエという不気味《ぶきみ》な鳴《な》き声《ごえ》が聞《き》こえるだけという。

ただし、地面《じめん》にソロモンの印《しるし》（六角線星形《かくせんほしがた》）を描《えが》くと、この鳥《とり》は落下《らっか》するといわれ、次《つぎ》のような話《はなし》が伝《つた》えられている。

ある晩《ばん》、一軒《けん》の家《いえ》に客《きゃく》が集《あつ》まっていた。そのとき、外《そと》で〝チョンチョン〟の鳴《な》き声《ごえ》が聞《き》こえたので、客《きゃく》の一人《ひとり》がソロモンの印《しるし》を描《えが》いた。すると、何《なに》かが裏庭《うらにわ》に落《お》ちたので行《い》ってみると、七面鳥《しちめんちょう》のような大《おお》きな鳥《とり》だった。人々《ひとびと》は、このは首《くび》を切《き》って犬《いぬ》に与《あた》え、からだのほうは屋根《やね》の上《うえ》に放《ほう》り投《な》げてしまった。

翌朝《よくあさ》になってから、人々《ひとびと》は〝チョンチョン〟の死《し》がいを探《さが》してみたが、屋根《やね》から消《き》えうせていて、とうとう見《み》つからなかった。

それからしばらくして、町《まち》の墓掘《はかほ》りが言《い》うには、

「あの同《おな》じ日《ひ》に、見知《みし》らぬ人《ひと》たちが何人《なんにん》かで死体《したい》を埋《う》めにやってきたがその死体《したい》には、頭《あたま》がなかった」

ということだ。

三角形《さんかくけい》を二《ふた》つ
組《く》み合《あ》わせて
ソロモンの印《しるし》
というんだ
98ページを
見《み》てごらんよ

●悪魔《あくま》●
ハルパス

まっ黒《くろ》な鳥《とり》の姿《すがた》で、肩《かた》には鋭《するど》い魔《ま》剣《けん》をたずさえて現《あら》われる。この魔剣《まけん》は、三度《ど》ふり回《まわ》すと火事《かじ》が起《お》こり、町《まち》でも村《むら》でも一瞬《いっしゅん》のうちに燃《も》やしてしまうというものだ。

悪魔《あくま》は、どういうわけか、こうして火《ひ》を起《お》こすのが好《す》きなようで、ほかにも、火事《かじ》を起《お》こして山《やま》を燃《や》やしてしまう〃アイン〃（Ｐ14～15）のような悪魔《あくま》もいる。やはり、炎《ほのお》と悪魔《あくま》というのは切《き》り離《はな》せないもののようである。

火《ひ》を消《け》すことぐらい朝《あさ》めしまえだよ エイッ、魔力《まりょく》・大洪水《だいこうずい》！ってわけさ
タバコの不始末《ふしまつ》も火事《かじ》の原因《げんいん》だよ

悪魔《あくま》

バジリスク

毒蛇《どくへび》が鶏卵《けいらん》をふ化《か》させて生《う》まれたといわれる奇怪《きかい》な姿《すがた》をした悪魔《あくま》で、この〝バジリスク〟ににらまれたり、毒気《どくけ》を吹《ふ》きかけられたものは、死《し》んでしまうといわれている。

さらに、〝バジリスク〟の毒気《どくけ》のすごさをいえば、〝バジリスク〟の住《す》む一帯《いったい》は、すべて砂漠《さばく》になってしまい、そのあたりに実《みの》る果実《かじつ》は、すぐに黒《くろ》ずんで腐《くさ》ってしまう。

また、〝バジリスク〟がのどのかわきをいやした川《かわ》の水《みず》は、何世紀《なんせいき》にもわたって毒《どく》が消《き》えなかったともいわれる。

〝バジリスク〟の弱点《じゃくてん》は、雄鶏《おんどり》の鳴《な》き声《ごえ》で、この鳴《な》き声《ごえ》がすると、あわてて逃《に》げ去《さ》るらしい。また、あらゆる動物《どうぶつ》の中《なか》で、イタチだけには、〝バジリスク〟の毒《どく》が通用《つうよう》しなかったといわれている。

だから、旅慣《たびな》れた旅人《たびびと》は、知《し》らない土地《とち》へ足《あし》を踏《ふ》み入《い》れる前《まえ》には必《かなら》ず、雄鶏《おんどり》かイタチをかごに入《い》れて用意《ようい》するという。

もう一つ、〝バジリスク〟の弱点《じゃくてん》は、鏡《かがみ》に弱《よわ》いことで、鏡《かがみ》に映《うつ》った自分《じぶん》の姿《すがた》を見《み》ると、死《し》んでしまうといわれている。

旅《たび》をするときは
鏡《かがみ》を持《も》っていけば
安心《あんしん》なんだね

●悪魔《あくま》● バルバトス

〝バルバトス〟のほんとうの姿《すがた》というのはわからない。というのは、現《あら》われるときは、いつも四人《にん》一組《くみ》の姿《すがた》で現《あら》われるからだ。

〝バルバトス〟は、このように、人《にん》間《げん》の目《め》をごまかし、蜃気楼《しんきろう》のような幻《まぼろし》の像《ぞう》を創《つく》り出《だ》すのがじょうずな悪《あく》魔《ま》なのだ。

また、〝バルバトス〟は、人間《にんげん》を和《わ》解《かい》させる魔力《まりょく》をもっている。

グーグー
ムニャムニャ…
おお! でっかい
チョコレート!
ムニャムニャ…

人《ひと》が、せっかくいい気持《きも》ちで寝《ね》てるところを起《お》こしやがって——ちょうど、チョコレートを食《た》べるところだったんだゾ

●悪魔《あくま》●

バレフール

〝バレフール〟は、ワニに似《に》た胴体《どうたい》をして、七つの頭《あたま》をもつ悪魔《あくま》だ。七つの頭《あたま》は、それぞれ異《こと》なった顔《かお》をしている。

〝バレフール〟は、人間《にんげん》を食《く》い殺《ころ》すこともあるが、自分《じぶん》が気《き》に入《い》った人《にん》間《げん》には、必《かなら》ず標的《ひょうてき》を射止《いと》めるという悪魔《あくま》の弓矢《ゆみや》を与《あた》える。

このように、悪魔《あくま》はときどき、自《じ》分《ぶん》の気《き》に入《い》った人間《にんげん》には魔法《まほう》の品《しな》を贈《おく》り、その反対《はんたい》に気《き》に入《い》らない人間《にんげん》は、あっさりと殺《ころ》してしまう。

この〝バレフール〟みたいにとっても単純《たんじゅん》ではっきりしているというのが悪魔《あくま》の性格《せいかく》の特徴《とくちょう》じゃないかな？

●悪魔《あくま》●
パイモン

砂漠《さばく》を本拠地《ほんきょち》にしていて、ひとこぶらくだの姿《すがた》で現《あら》われる。この悪魔《あくま》は、熱風《ねっぷう》を吹《ふ》きつけて、人間《にんげん》をミイラにしてしまうのが得意《とくい》だ。

しっかり
つかまってろよ
ここから落《お》ちたら
おまえも、すぐに
ミイラにされて
しまうからな

昔《むかし》、エジプトなどでは、死者《ししゃ》をミイラにして保存《ほぞん》する習慣《しゅうかん》がさかんだった。そこで、ミイラを作《つく》る方法《ほうほう》もいろいろくふうされ、値段《ねだん》によっても三つに分《わ》かれていたという。特《とく》に※王朝時代《おうちょうじだい》には、人々《ひとびと》は、死者《ししゃ》をミイラにして保存《ほぞん》しなければならないと考《かんが》えていたから、それには費用《ひよう》を惜《お》しまなかったという。

当時《とうじ》であったら、ミイラ作《づく》りの特《とく》技《ぎ》をもった〝パイモン〟は、引《ひ》っ張《ぱ》りだこだったろうが、しかし、〝パイモン〟は悪魔《あくま》であるから、標的《ひょうてき》はもっぱら生《い》きた人間《にんげん》に限《かぎ》っている。

らくだの姿《すがた》を
しているところが
エジプトの砂漠《さばく》に
現《あら》われる悪魔《あくま》
らしいな

※王朝時代《おうちょうじだい》＝紀元前《きげんぜん》三〇〇〇年《ねん》ごろ～紀元前《きげんぜん》五二五年《ねん》ごろの古代《こだい》エジプト王国《おうこく》の時代《じだい》。

●悪魔《あくま》●

ヒュドラー

〝ヒュドラー〟は、二つの獣《けもの》の間《あいだ》に生《う》まれた悪魔《あくま》である。一方《いっぽう》の産《う》みの親《おや》は、人間《にんげん》と獣《けもの》の間《あいだ》に生《う》まれた巨大《きょだい》な怪物《かいぶつ》〝テュポーン〟で、もう一方《いっぽう》は、半美女《はんびじょ》、半蛇《はんじゃ》である〝エキドナ〟である。

〝ヒュドラー〟は、多頭《たとう》の獣《けもの》で、首《くび》を一つ切《き》り落《お》とされても、すぐにそこから、こんどは二つの首《くび》が生《は》えてくる。

また、〝ヒュドラー〟の息《いき》は有毒《ゆうどく》で、野《の》を枯《か》らし、空気《くうき》を汚《よご》す。

〝ヒュドラー〟のすみかは、ある湖《みずうみ》に近《ちか》い沼地《ぬまち》であるが、あるとき、※ヘラクレスと※イオラーオスがこれを探《さが》し当《あ》て、〝ヒュドラー〟に攻撃《こうげき》をしかけた。ヘラクレスが首《くび》をはね、その血《ち》の吹《ふ》き出《で》る傷口《きずぐち》に、イオラーオスが焼《や》けた鉄《てつ》を当《あ》てた。こうすると、新《あたら》しい首《くび》が生《は》えてこないからである。

次々《つぎつぎ》に首《くび》をはねては、同《おな》じようにして、最後《さいご》に、まん中《なか》の不死《ふし》の首《くび》だけが残《のこ》った。ヘラクレスは、これを巨大《きょだい》な丸石《まるいし》の下《した》に埋《う》めたが、首《くび》は、不死《ふし》であるため、その場所《ばしょ》に現在《げんざい》まで残《のこ》っていて、憎《にく》しみの念《ねん》に燃《も》えているという。

※ヘラクレス＝ギリシア神話《しんわ》の中《なか》の英雄《えいゆう》。あちこちをめぐって、猛獣《もうじゅう》、怪物《かいぶつ》を退治《たいじ》した。

※イオラーオス＝ヘラクレスの甥《おい》。伯父《おじ》ヘラクレスとともに、数々《かずかず》の偉業《いぎょう》をなした。

●悪魔《あくま》●
ビフロンズ

柄《え》が長《なが》いことを除《のぞ》けば、ふつうどこの家《いえ》にでもあるようなフライパンを持《も》って現《あら》われる。

〝ビフロンズ〟は、これで墓《はか》を掘《ほ》り起《お》こし、死体《したい》をどこかに運《はこ》び出《だ》してしまう。ときには、他《た》の死体《したい》を入《い》れかえたりすることもある。

また、このフライパンの上《うえ》で、〝鬼《おに》火《び》〟を燃《も》やし、人間《にんげん》をおどかしたりもする。

死体《したい》が消《き》えたり 人《ひと》だまが出《で》たり するのは 〝ビフロンズ〟の しわざだったん だね

ね、ねえ、ぼく メフィストの しわざだなんて 言《い》ってないよ 〝ビフロンズ〟って 言《い》ったんだよ――

悪魔《あくま》

ファスティトカロン

巨大《きょだい》な鯨《くじら》である。しかし、船乗《ふなの》りたちの目《め》には、どう見《み》ても島《しま》としか見《み》えないので、自分《じぶん》たちの船《ふね》をこの島《しま》に綱《つな》でゆわき、乗《の》せてきた馬《うま》を岸《きし》辺《べ》につなぎ、島《しま》に踏《ふ》み入《い》ってしまう。

船乗《ふなの》りたちは、やがてキャンプを張《は》り、この島《しま》の上《うえ》でたき火《び》をする。そのうちに、疲《つか》れた船乗《ふなの》りたちは寝《ね》入《い》ってしまう。すると、この島《しま》は、とつぜん海《うみ》の中《なか》へ沈《しず》みはじめ、どんどん深《ふか》くもぐっていき、やがては船《ふね》もろとも、死《し》の世界《せかい》に連《つ》れて行《い》かれてしまう。これは、この海《うみ》の怪獣《かいじゅう》のはじめからの計略《けいりやく》なのである。

また、この〝ファスティトカロン〟には、次《つぎ》のような習慣《しゅうかん》もある。

腹《はら》がすくと、この怪獣《かいじゅう》は、パックリと大《おお》きな口《くち》を開《ひら》く。すると、中《なか》からはよい香《かお》りがしてきて、これにつられた魚《さかな》たちが群《む》れをなして、この

口《くち》の中《なか》に集《あつ》まる。広大《こうだい》な口《くち》の中《なか》がいっぱいになると、口《くち》はピタリと閉《と》じてしまう。あわれな獲物《えもの》たちは、それっきりになる。

●悪魔《あくま》●

フーカロール

ふいごを使《つか》って風《かぜ》を起《お》こす悪魔《あくま》。つむじ風《かぜ》、たつまき、台風《たいふう》など、この魔《ま》のふいごで思《おも》うままに、風《かぜ》を起《お》こすことができる。

よく悪魔《あくま》は、堕落天使《だらくてんし》であるといわれる。日本《にっぽん》の妖怪《ようかい》も、神《かみ》の堕落《だらく》した姿《すがた》などといわれるが、この〝フーカロール〟なども、案外《あんがい》、もとは〝風《ふう》神《じん》〟だったのかもしれない。

おれの魔力《まりょく》と
どちらがすぐれているか
ちょっと試《ため》して
みようかな

エイッ、魔力《まりょく》・つむじ風《かぜ》！
ウヒャー――
こりゃあ、たまらんわい
ものすごいつむじ風《かぜ》になって
返《かえ》ってきやがった

悪魔《あくま》

フラウロス

黒豹《くろひょう》に、人間《にんげん》の手足《てあし》、翼《つばさ》をつけた姿《すがた》である。この〝フラウロス〟を呼《よ》び出《だ》すときには、魔法陣《まほうじん》の中《なか》の三角形《さんかくけい》の中《なか》に立《た》つ。すると、願《ねが》い事《ごと》をかなえてくれるばかりか、魔力《まりょく》から逃《のが》れる術《じゅつ》も教《おし》えてもらうことができる。

恐《おそ》ろしい姿《すがた》はしているがなかなかやさしいやつなんだな宝石《ほうせき》のありかも教《おし》えてくれるかもしれんな

悪魔《あくま》
フルフル

ちょうど、鹿《しか》に翼《つばさ》をつけたような姿《すがた》をしている。これは〝シトリー〟（P38）とは逆《ぎゃく》に、男女《だんじょ》の仲《なか》を引《ひ》き裂《さ》き、たがいに憎《にく》み合《あ》うようにしむけてしまう悪魔《あくま》である。

性格《せいかく》も荒々《あらあら》しく、台風《たいふう》を起《お》こしたり、雨《あめ》を降《ふ》らせて、地形《ちけい》を変《か》えてしまったりする。

悪魔《あくま》

ブロケル

悪魔《あくま》にはめずらしく、少女《しょうじょ》の姿《すがた》をしている。翼《つばさ》をもった水中《すいちゅう》ドラゴンをあやつり、水《みず》を使《つか》って魔力《まりょく》を発揮《はっき》する。

たとえば、水《みず》を温泉《おんせん》に変《か》えて吹《ふ》き出《だ》させたり、川《かわ》の水《みず》を凍《こお》らせたり、また、大洪水《だいこうずい》を引《ひ》き起《お》こしたりする。ときには、川《かわ》ばかりでなく、海《うみ》にも進出《しんしゅつ》し、大津波《おおつなみ》を起《お》こしたりもする。

●悪魔《あくま》●

プルトー

〝プルトー〟は、頭《あたま》に冠《かんむり》を頂《いただ》き、地《じ》獄《ごく》の※玉座《ぎょくざ》に就《つ》くことができる唯一《ゆいいつ》の悪魔《あくま》で、地獄帝国《じごくていこく》の魔王《まおう》である。身《み》のまわりに美女《びじょ》を並《なら》べ、地獄《じごく》の竜《りゅう》を従《したが》え、小悪魔《こあくま》を使《つか》い、自分《じぶん》は、人間《にんげん》を手当《てあ》たりしだいに食《た》べている。地上《ちじょう》に姿《すがた》を見《み》せることはあまりなく、この地獄《じごく》の中《なか》に、でんと腰《こし》をすえている、不死身《ふじみ》の悪魔《あくま》である。

※王座《ぎょくざ》＝天子《てんし》や王《おう》が、いつもいる部屋《へや》。

〝プルトー〟みたいなのを悪魔《あくま》の中《なか》の悪魔《あくま》というのかもしれないね

おやおや聞《き》こえたかな?地獄《じごく》の竜《りゅう》が追《お》いかけてきたよねえ、メフィストぼく一人《ひとり》おいて逃《に》げないでよ

悪魔《あくま》

ベールゼブブ

〝ベールゼブブ〟は、ハエ魔王《まおう》の異《い》名《みよう》をもつように、世界《せかい》じゅうに病原《びようげん》菌《きん》をまき散《ち》らし、数多《かずおお》くの死者《ししや》を出《だ》し、人間《にんげん》を地獄《じごく》におとしいれてしまうという恐《おそ》ろしい悪魔《あくま》。

姿《すがた》は、まったくハエそのものであるが、羽《はね》にどくろの印《しるし》をつけている。

そして、ときには十八メートルという巨大《きよだい》なハエと化《か》す。

悪魔《あくま》

ベリアル

〝ベリアル〟は、荒々《あらあら》しい二輪《りん》馬《ば》車《しゃ》を乗《の》りまわす獣《けもの》で、悪魔《あくま》のうちでも最《もっと》も悪質《あくしつ》な悪魔《あくま》である。

人間《にんげん》を悪《あく》に走《はし》らせたり、死《し》なせたりするのも、この悪魔《あくま》のしわざだ。人《ひと》が、悪《あく》の誘惑《ゆうわく》を払《はら》いのけて、正《ただ》しい道《みち》を歩《あゆ》もうとしているときでも、

この悪魔《あくま》は、むりやりに、邪悪《じゃあく》や犯《はん》罪《ざい》の道《みち》に引《ひ》きずりこもうとする。

悪魔《あくま》 ベレス

悪魔《あくま》の中《なか》でも、暴《あば》れん坊《ぼう》の仲間《なかま》に入《はい》る。魔術師《まじゅつし》に呼《よ》び出《だ》されて、地上《ちじょう》に現《あら》われたとたんに、早速《さっそく》、人間《にんげん》に襲《おそ》いかかろうとするほどだ。

だから、魔術師《まじゅつし》は、この〝ベレス〟を呼《よ》び出《だ》すときは、魔法陣《まほうじん》の中《なか》で、銀《ぎん》の指輪《ゆびわ》をはめる。そうやっておいて命令《めいれい》をすると、〝ベレス〟は、言《い》うことをきく。

そうでないと、人間《にんげん》を手当《てあ》たりしだいに襲《おそ》うだけではなく、建物《たてもの》でも何《なん》でも、めちゃくちゃにこわしたりして暴《あば》れまわり、手《て》がつけられなくなる。

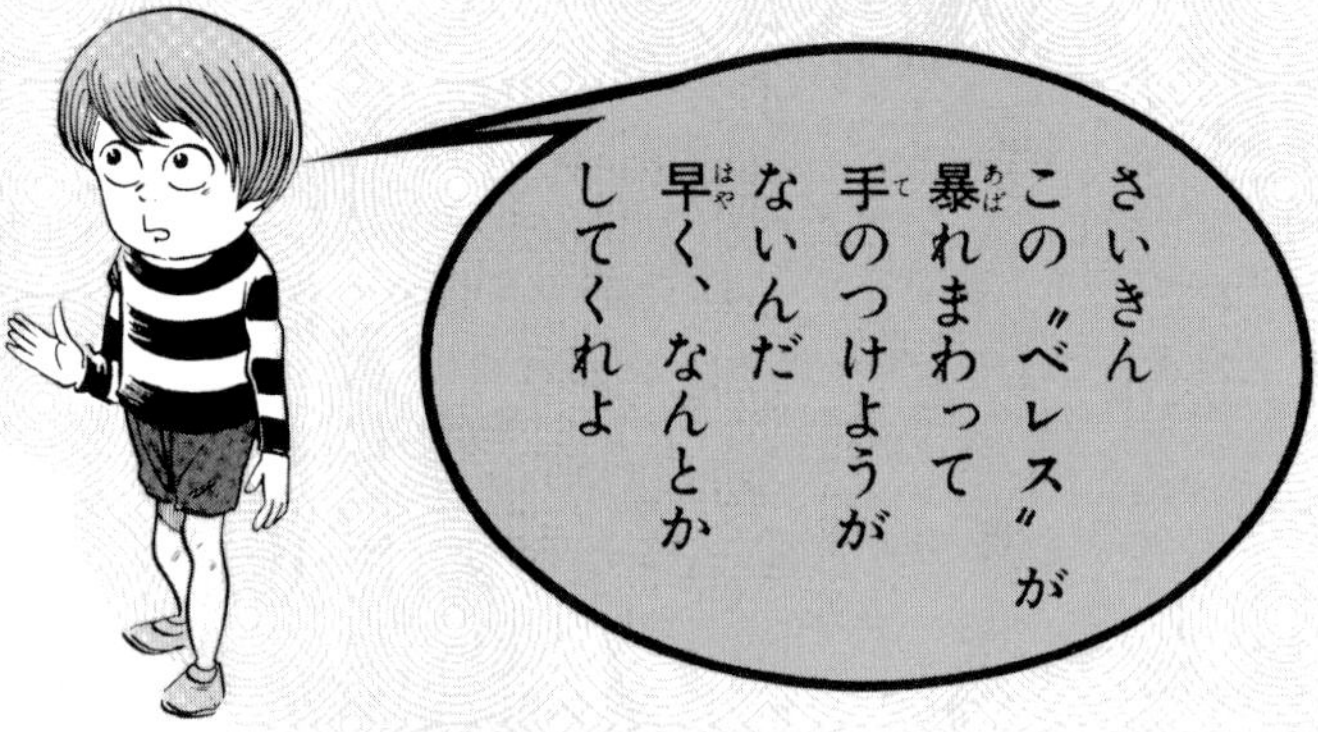
さいきん この〝ベレス〟が 暴《あば》れまわって 手《て》のつけようが ないんだ 早《はや》く、なんとか してくれよ

銀《ぎん》の指輪《ゆびわ》は ぼくが、メフィストに 命令《めいれい》するときに使《つか》う ソロモンの笛《ふえ》のような 役目《やくめ》をするんだね

悪魔《あくま》 ペリュトン

〝ペリュトン〟は、頭《あたま》と足《あし》は鹿《しか》で、胴体《どうたい》には羽毛《うもう》と翼《つばさ》がある半鹿半鳥《はんかはんちょう》の獣《けもの》で、もともとは、※アトランティスに住《す》んでいたという。

　不思議《ふしぎ》なことに、この獣《けもの》は、太陽《たいよう》の光《ひかり》があたると、人間《にんげん》の影《かげ》を落《お》とす。それは、だれもみとる人《ひと》がなく、さびしく死《し》んだ旅人《たびびと》の霊《れい》であるからだともいわれている。人《ひと》が死後《しご》に鳥《とり》になるという話《はなし》は、古《ふる》くから伝《つた》えられている。

　日本《にっぽん》にも〝以津真天《いつまでん》〟という怪鳥《かいちょう》がいるが、これも、日本《にっぽん》でいう無縁《むえん》仏《ぼとけ》の一種《いっしゅ》だ。呼《よ》ばれかたや姿《すがた》のちがいはあっても、おそらく〝ペリュトン〟も〝以津真天《いつまでん》〟も、同《おな》じ種類《しゅるい》のものであろう。

　〝ペリュトン〟は、航海《こうかい》をしている船《ふね》の上《うえ》に群《む》れをなして舞《ま》い降《お》り、たくさんの人間《にんげん》をズタズタに切《き》り裂《さ》き、血《ち》の海《うみ》の中《なか》をころげまわる。それからまた、力強《ちからづよ》い翼《つばさ》で、空高《そらたか》く舞《ま》い上《あ》がる。

一人《ひとり》わびしく死《し》んだ
旅人《たびびと》たちの化身《けしん》か…
エイッ、魔力《まりょく》・成仏《じょうぶつ》!
これで、あまり悪《わる》さを
しなくなるだろう

※アトランティス＝伝説上《でんせつじょう》の楽土《らくど》。神罰《しんばつ》により、一昼夜《ちゅうや》のうちに海底《かいてい》に没《ぼっ》したという。

こんな
友《とも》だちでも
友《とも》だちがいない
人《ひと》にくらべれば
ぼくは、ずっと
しあわせ
なんだね

●悪《あく》魔《ま》●

ホラス

四本《ほん》の手《て》をもっているので、とても器用《きよう》だ。料理《りょうり》の腕《うで》まえは、人間《にんげん》のどんな名《めい》コックでもかなわないほどである。

また、薬草《やくそう》にもくわしく、それらを調合《ちょうごう》して、どんな病気《びょうき》でも治《なお》すことができるという。名《めい》コックで名医《めいい》の悪魔《あくま》。

こういう悪魔《あくま》と友《とも》だちになりたい人《ひと》もいるかもね悪魔《あくま》の世界《せかい》でも〝ホラス〟はモテモテなんだよ
あーあおれの手《て》も四本《ほん》あったらもっと魔力《まりょく》を発揮《はっき》できたかもしれんな

悪魔《あくま》

ボトク

悪魔《あくま》の中《なか》のスカウトマンともいえる存在《そんざい》で、魔術師《まじゅつし》になれそうな人間《にんげん》をスカウトする。

〝ボトク〟は、世界《せかい》じゅうの人間《にんげん》の中《なか》から、これは、と思《おも》うような人間《にんげん》を見《み》つけては誘惑《ゆうわく》し、一流《りゅう》の魔術師《まじゅつし》にしたてあげようとして、あらゆることを教《おし》えこむ。

しかし、とちゅうでだめだ、と判断《はんだん》すると、すぐにその場《ば》で地獄《じごく》へつき落《お》としてしまう。

スカウトされたほとんどの人間《にんげん》は、この運命《うんめい》をたどる。

〝ボトク〟にスカウトされたら十中八九《じっちゅうはっく》、地獄《じごく》につき落《お》とされると思《おも》ったほうが身《み》のためだよ

〝ボトク〟にしたてあげられた魔術師《まじゅつし》は天地《てんち》を自由《じゆう》にあやつることができるそうだ

●悪魔《あくま》●

マルコキアス

黒狼《くろおおかみ》の胴体《どうたい》に、鷹《たか》の羽《はね》をつけ、蛇《へび》の尾《お》をした姿《すがた》で、口《くち》から七色《いろ》の炎《ほのお》を吐《は》く。この炎《ほのお》には魔力《まりょく》があり、町《まち》じゅうの人間《にんげん》すべてを、石像《せきぞう》のように固《かた》めてしまうことができる。

〝マルコキアス〟は、世界《せかい》じゅうをこのようにして荒《あ》らしまわるが、魔《ま》術《じゅつ》に弱《よわ》いという欠点《けってん》をもっている。

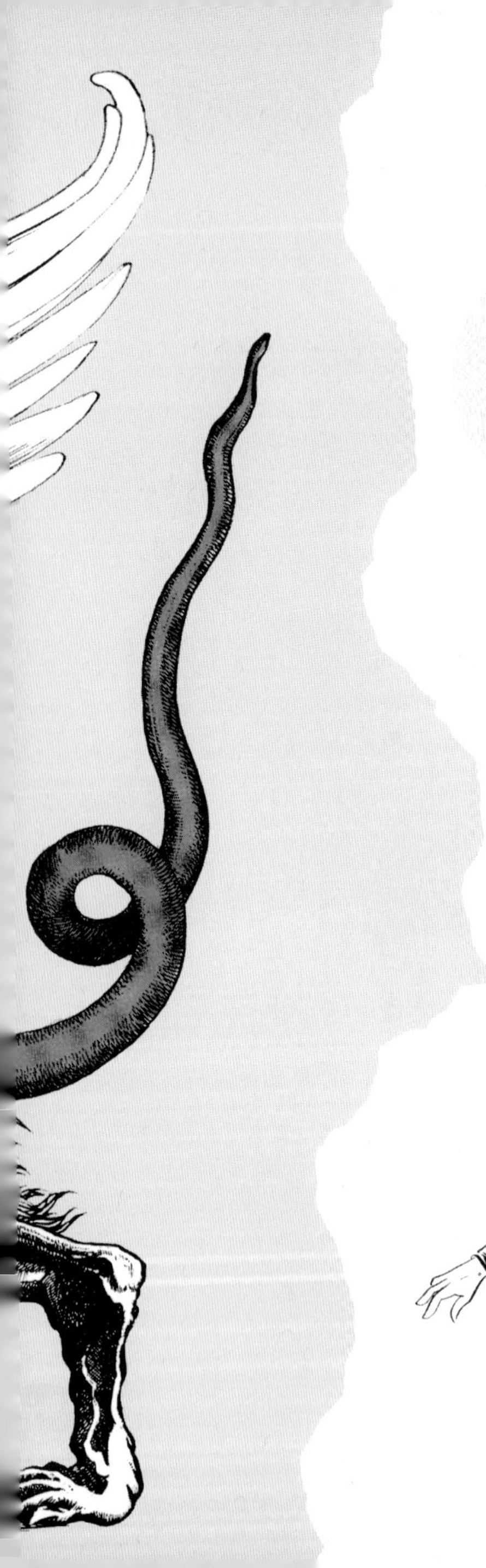

七色《なないろ》の炎《ほのお》を吐《は》きかけられないうちに、退散《たいさん》しよう早《はや》くしないと二人《ふたり》とも石像《せきぞう》になってしまうよ

悪魔くん 水木しげる
魔界大百科

（株）小学館クリエイティブ

＊本書は『悪魔くんの悪魔なんでも入門』（1985年、小学館刊）を改題の上、復刻した新装版となります。

※本書には、現代の常識からすると一般的でない表現が
含まれている場合がございますが、発売当時の表現を尊重いたしました。

●悪魔《あくま》●

モラックス

老人《ろうじん》に角《つの》が生《は》えたような姿《すがた》で、ガラガラ声《ごえ》を出《だ》す悪魔《あくま》。

いばり屋《や》だが、物知《ものし》りで、世界《せかい》じゅうの薬草《やくそう》の効用《こうよう》、その薬草《やくそう》が生《は》えている場所《ばしょ》、それに宝石《ほうせき》のありかなどを知《し》っている。

おだてると、〝モラックス〟からいろいろ教《おし》えてもらえるが、ちょっとでもばかにしようものなら、八つ裂《ざ》きにされてしまう。

だから、魔術師《まじゅつし》に呼《よ》び出《だ》してもらったときには、「モラックスさま、モラックスさま」と、ごまをするとよいようだ。物知《ものし》りではあるが、性格《せいかく》は単純《たんじゅん》である。

〝モラックス〟さま
〝モラックス〟さま
お願《ねが》いします
どうか、私《わたし》に
宝石《ほうせき》のありかを
教《おし》えてください
悪魔《あくま》の世界《せかい》にも
〝モラックス〟のような
物知《ものし》りじいさんが
いるんだね

●悪魔《あくま》●
ロノベ

〝ロノベ〟は、昆虫《こんちゅう》や動物《どうぶつ》の各部分《かくぶぶん》を集《あつ》めて造《つく》られたような姿《すがた》をした悪《あく》魔《ま》である。

世界《せかい》じゅうのそれぞれの国《くに》の言葉《ことば》を理解《りかい》できるので、敵対関係《てきたいかんけい》にある国々《くにぐに》でも、たくみな話術《わじゅつ》を利用《りよう》して仲《なか》よくさせてしまう力《ちから》をもっている。

悪魔《あくま》というと、みな悪者《わるもの》と思《おも》うかもしれないが、中《なか》には、〝ロノベ〟のように、人間《にんげん》に大《おお》きな貢献《こうけん》をしているものもいるのだ。

〝ロノベ〟が
もっと活躍《かつやく》して
くれれば
いつか、世界《せかい》が
一つになるん
だけどなあ

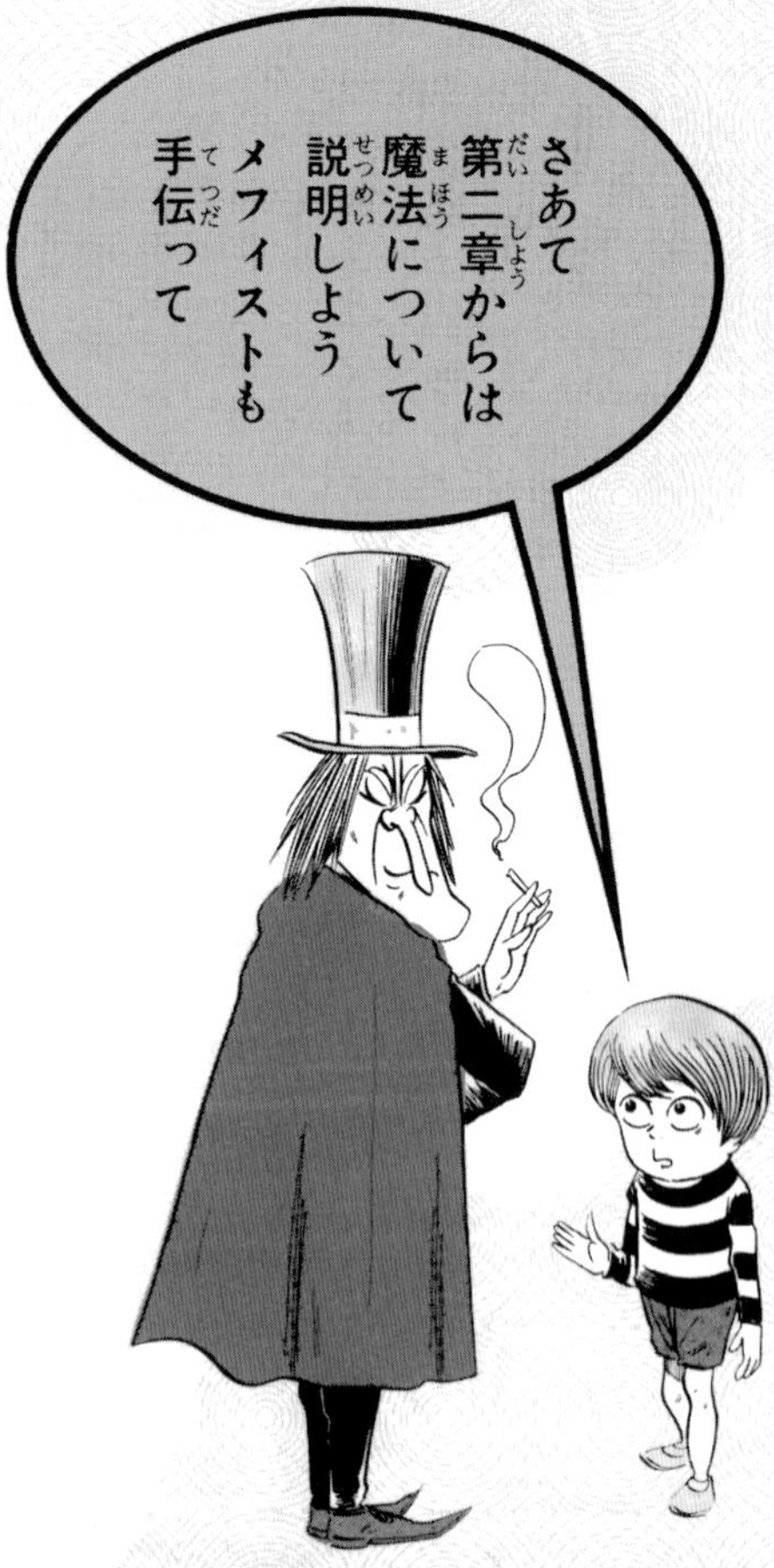
さあて
第二章《だいにしょう》からは
魔法《まほう》について
説明《せつめい》しよう
メフィストも
手伝《てつだ》って

第《だい》2章《しょう》 魔法《まほう》の歴史《れきし》

カバラ

ユダヤ最古《さいこ》の時期《じき》から、神《かみ》に選《えら》ばれた人《ひと》たちにだけ伝《つた》えられてきた、といわれる書物《しょもつ》のことを、一般《いっぱん》にカバラという。

世界《せかい》は、文字《もじ》や数《かず》をもとにして構《こう》成《せい》されている、という思想《しそう》に基《もと》づいて書《か》かれたもので、文字《もじ》や数《かず》は、神《しん》聖《せい》な力《ちから》をもち、それ自体《じたい》が呪術《じゅじゅつ》であるという。

ヘブライ語《ご》のアルファベット二十二文字《もじ》と、一から十までの数《かず》は、「三十二の知恵《ちえ》の小径《こみち》」とよばれ、最《もっと》もすぐれたものとされている。

特《とく》に、一から十までの数《かず》は、セフィロトと呼《よ》ばれ、それぞれに名《な》まえと意味《いみ》がある。

一＝ケテル（王冠《おうかん》）
二＝コクマー（英知《えいち》）
三＝ビーナー（知性《ちせい》）
四＝ケセド（善《ぜん》）
五＝ゲブラ（権力《けんりょく》）
六＝ティファレト（栄光《えいこう》）
七＝ネツァー

（勝利《しょうり》）
八＝ホド（名誉《めいよ》）
九＝イエソド（基礎《きそ》）
十＝マルクト（王国《おうこく》）

このセフィロトを図式化《ずしきか》した書物《しょもつ》が『創造《イエジラ》の書』と呼《よ》ばれるものである。

カバラには、呪術《じゅじゅつ》の方法《ほうほう》がたくさん記《しる》されているという。カバラの一つ、『創造の書《イエジラ》』によって奇跡《きせき》を起《お》こした、という話《はなし》も残《のこ》っている。

一六世紀《せいき》のことである。エリヤという人《ひと》が、この書《しょ》を使《つか》って〝ゴーレム〟という、粘土《ねんど》の像《ぞう》を作《つく》り、その像《ぞう》の額《ひたい》に、神《かみ》の名《な》まえを書《か》いた。すると、その像《ぞう》は、まるで生《い》きているかのように、どんどん大《おお》きくなった。

驚《おどろ》いたエリヤが、あわてて額《ひたい》の文字《じ》を消《け》したとたん、〝ゴーレム〟は、ただの粘土《ねんど》のかたまりに戻《もど》ったという。

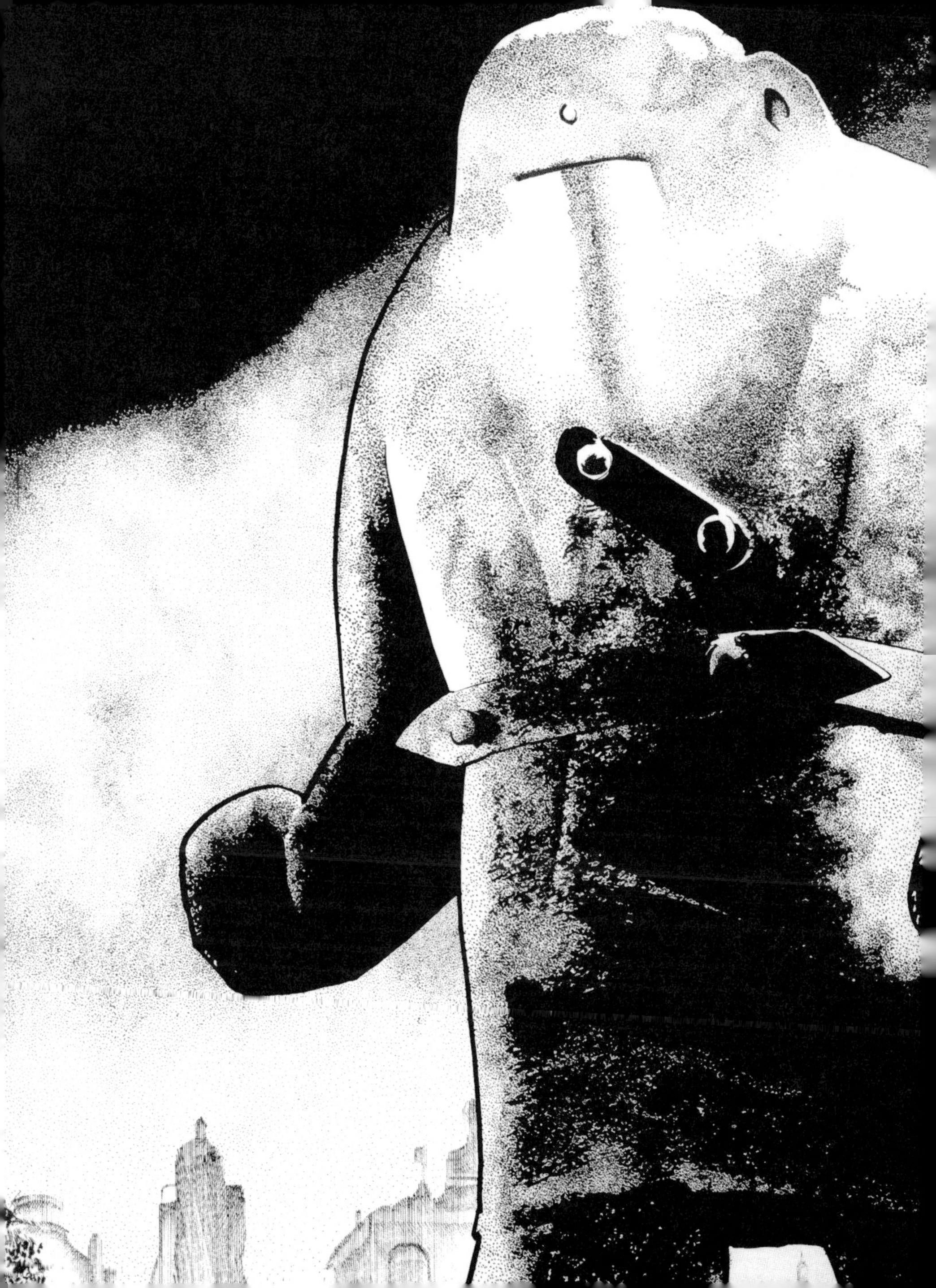

ゲマトリア

カバラ主義者《しゅぎしゃ》たちは、文字《もじ》や数《かず》にいろいろとくふうをこらし、呪術《じゅじゅつ》の方法《ほうほう》を作《つく》り上《あ》げた。

ゲマトリアというのは、文字《もじ》を数《かず》に置《お》きかえ、言葉《ことば》の数値《すうち》を計算《けいさん》する方法《ほうほう》である。文《ぶん》の中《なか》のある言葉《ことば》を、同《おな》じ数値《すうち》の言葉《ことば》に置《お》きかえることによって、ちがった解釈《かいしゃく》ができる、というわけだ。

カバラ主義者《しゅぎしゃ》たちは、このようにして、神《かみ》の名《な》まえも数値《すうち》で表《あら》わした。たとえば、〃エホヴァ〃という名《な》まえは、10＋5＋6＋5＝26となる。この数値《すうち》が72となる名《な》まえは、最《もっと》も偉《い》大《だい》な神《かみ》の名《な》まえだという。

この数値《すうち》の求《もと》めかたはぼくにもよくわからないんだとてもむずかしい方法《ほうほう》らしいよ
アダムとイヴこの二人《ふたり》の名《な》まえを、うまく組《く》み合《あ》わせると〃エホヴァ〃になるらしい
あ〜あこんなことを知《し》らなくてもこのおれさまならなんだってできるのになあ

כתר
בינה
חכמח
י
ה
ה
ו
הוד
גדולה

ノタリコン

ノタリコンというのは、文中《ぶんちゅう》の言《こと》葉《ば》の頭文字《かしらもじ》を並《なら》べる方法《ほうほう》である。

魔法陣《まほうじん》の中《なか》に描《えが》かれる、アグラ(Agla)という言葉《ことば》は、「おお主《しゅ》よ。※汝《なんじ》は永遠《えいえん》に強《つよ》し(Atua Gilor Leolaw Aduai)」という文《ぶん》の頭文字《かしらもじ》を並《なら》べたものである。

アグリッパという人《ひと》が書《か》いた『隠《いん》秘哲学《ひてつがく》』の中《なか》の護符《ごふ》も、このノタリコンの方法《ほうほう》を用《もち》いている。円《えん》の中央《ちゅうおう》に書《か》かれる、アラリタ(Arari-ta)という言葉《ことば》は、次《つぎ》のような意味《いみ》の文《ぶん》の頭文字《かしらもじ》である。

「唯一《ゆいいつ》なる神《かみ》。神《かみ》の統一《とういつ》の原理《げんり》。神《かみ》の同一性《どういつせい》の原理《げんり》。神《かみ》の変化《へんか》する姿《すがた》は一つなり」

また、ノタリコンには、言葉《ことば》の頭《かしら》文字《もじ》のほかに、終《お》わりの文字《もじ》を用《もち》いる方法《ほうほう》もある。

おれも
少しは、頭《あたま》の
いいところを
見《み》せようか
エイッ、魔力《まりょく》・
文字解読《もじかいどく》！

上《うえ》の円《えん》の
中央《ちゅうおう》に
ヘブライ語《ご》で
アラリタ（Ara
rita）と
書《か》いてあるぜ

テムラ

単語《たんご》の文字《もじ》を取《と》りかえたり、順序《じゅんじょ》を入《い》れかえたりする方法《ほうほう》のことを、テムラという。この方法《ほうほう》によって、ふつうの言葉《ことば》に、ある特殊《とくしゅ》な意味《いみ》を与《あた》えることができる。

その例《れい》を、一つ紹介《しょうかい》しよう。

第二次大戦中《だいにじたいせんちゅう》のことだ。ドイツ軍《ぐん》がシリアを占領《せんりょう》したとき、シリアのユダヤ人《じん》たちは、ドイツ軍《ぐん》のシリア侵略《しんりゃく》を非常《ひじょう》に恐《おそ》れ、カバラ主義者《しゅぎしゃ》たちに助《たす》けを求《もと》めた。

カバラ主義者《しゅぎしゃ》たちは、早速《さっそく》、このテムラの方法《ほうほう》を用《もち》いて、「シリア」という言葉《ことば》の文字《もじ》を、「ロシア」という言葉《ことば》に並《なら》べかえた。

するとどうだろう。まもなくドイツ軍《ぐん》は、シリアへの進撃《しんげき》を中止《ちゅうし》し、代《か》わりに、ソビエト連邦《れんぽう》（ロシア）を攻撃《こうげき》しはじめたのだった。

文字《もじ》や数《かず》に
ちょっと
手《て》を加《くわ》えただけで
こんなことも
できるなんて
不思議《ふしぎ》だね

うーむ
おれの魔力《まりょく》でも
ひょっとしたら
これは
できないかも
しれんな

アラビアの呪術《じゅじゅつ》

※マホメットが現《あら》われる以前《いぜん》、アラビア人《じん》は、呪術《じゅじゅつ》を中心《ちゅうしん》とした生活《せいかつ》をしていた。まじないや呪《のろ》い、ろう人形《にんぎょう》などを活用《かつよう》していたのである。

その中《なか》でも、アラビア人《じん》が、深《ふか》く信仰《しんこう》していたものは、護符《ごふ》であった。この護符《ごふ》には、次《つぎ》のような呪文《じゅもん》が刻《きざ》まれている。

「アラーはわれらとともにあり。全《ぜん》能《のう》なるものは、この魔法《まほう》の記号《きごう》により、アラーの名《な》において、汝回教《なんじかいきょう》を信《しん》じるものは、呪術《じゅじゅつ》に害《がい》せられることなし」

また、アラビアの賢者《けんじゃ》たちは、聖《せい》歌《か》によって、未来《みらい》を予言《よげん》したという。

※マホメット＝五七一年《ねん》ごろ、アラビアに生《う》まれ、アラーの神《かみ》の教《おし》えであるイスラム教《きょう》を開《ひら》いた人《ひと》。六三二年没《ねんぼつ》。

お、おいっ メフィスト！ こんなことぐらいで 逃《に》げだすなよ
ひゃ～ 助《たす》けてくれ―― おれは こういう呪文《じゅもん》が にがてなんだ

TERRÆ·MO TVS
マホメットとはアラビア語《ご》で「たたえるべき者《もの》」という意味《いみ》なんだよ
へえ――おまえそんなよけいなことまでよく知《し》ってるなア

『ソロモンの鍵《かぎ》』

いまだに解《と》き明《あ》かされていない秘密《ひみつ》がたくさん残《のこ》っているらしいよ

杖《つえ》は自然《しぜん》を動《うご》かすためのものなんだ

古代《こだい》ヘブライのソロモン王《おう》は、当《とう》時《じ》、世界《せかい》一の財産家《ざいさんか》であり、また、世界《せかい》一の賢者《けんじゃ》として君臨《くんりん》していた※。

そして彼《かれ》は、そのすぐれた知恵《ちえ》で数多《かずおお》くの魔法《まほう》を考《かんが》え出《だ》した。魔法《まほう》の杖《つえ》を用《もち》いて、地獄《じごく》の悪魔《あくま》でさえも自《じ》由《ゆう》にあやつることができたという。

それらの魔術《まじゅつ》の利用《りよう》のしかたを記《しる》した書物《しょもつ》が『ソロモンの鍵《かぎ》』である。

この書物《しょもつ》は、一四、五世紀《せいき》ごろ、ヘブライ語《ご》で書《か》かれたもので、霊魂《れいこん》を呼《よ》び出《だ》す方法《ほうほう》、姿《すがた》を消《け》す方法《ほうほう》、宝《たから》を探《さが》し出《だ》す方法《ほうほう》など、たくさんの魔《ま》法《ほう》の方法《ほうほう》が紹介《しょうかい》されている。

ソロモン王《おう》の死後《しご》、ヨーロッパの魔術師《まじゅつし》たちは、この『ソロモンの鍵《かぎ》』の秘密《ひみつ》を解《と》き明《あ》かそうと試《こころ》みたが、その結果《けっか》、魔術《まじゅつ》は、自分《じぶん》たちの欲望《よくぼう》のみを満《み》たそうとする黒魔術《くろまじゅつ》、人間《にんげん》に幸運《こううん》をもたらす白魔術《しろまじゅつ》の二派《は》に分《わ》かれて流行《りゅうこう》していった。

※ソロモン＝紀元前《きげんぜん》九七一年《ねん》〜紀元前《きげんぜん》九三二年《ねん》まで、イスラエルの王位《おうい》に就《つ》いていた。

黒魔術《くろまじゅつ》

悪魔《あくま》の力《ちから》を利用《りよう》して、自分《じぶん》の欲望《よくぼう》をかなえようとする魔術《まじゅつ》、それが黒《くろ》魔術《まじゅつ》である。

黒魔術師《くろまじゅつし》たちは、財産《ざいさん》や地位《ちい》を獲得《かくとく》するために悪魔《あくま》を呼《よ》び出《だ》し、取《と》り引《ひ》きをしたが、ときには、他人《たにん》の魂《たましい》まで売《う》りわたすことがあったという。

中世最大《ちゅうせいさいだい》のドイツの黒魔術師《くろまじゅつし》に、アグリッパという人がいる。彼《かれ》は、人間《にんげん》は知恵《ちえ》の力《ちから》によってどんな奇跡《きせき》でも起《お》こすことができる、という考《かんが》えをもとにして、魔法陣《まほうじん》を作《つく》り出《だ》した。

アグリッパは
なんと
八か国《こく》の言葉《ことば》を
知《し》っていた
という
大天才《だいてんさい》なんだ

白魔術《しろまじゅつ》

白魔術《しろまじゅつ》とは、悪魔《あくま》の力《ちから》を借《か》りずに、学問《がくもん》の研究《けんきゅう》などによって、社会《しゃかい》に役《やく》立《だ》てようとする魔術《まじゅつ》のことである。

賢者《けんじゃ》たちは、天文学《てんもんがく》や物理学《ぶつりがく》、化《か》学《がく》、錬金術《れんきんじゅつ》などの研究成果《けんきゅうせいか》をもとにして、予言《よげん》をしたり、新《あたら》しい道具《どうぐ》や薬品《やくひん》の発明《はつめい》、発見《はっけん》をしたが、これが実《じつ》は、白魔術《しろまじゅつ》と呼《よ》ばれるものである。

中《なか》でも、医学《いがく》に関《かん》する研究《けんきゅう》はめざましく、神秘学《しんぴがく》や超自然現象学《ちょうしぜんげんしょうがく》にまで発展《はってん》した。

白魔術師《しろまじゅつし》の第一人者《だいいちにんしゃ》に、医者《いしゃ》で、占星術師《せんせいじゅつし》で、人類学者《じんるいがくしゃ》で、神秘学者《しんぴがくしゃ》で、秘術師《ひじゅつし》でもあったパラケルススという人《ひと》がいる。

おれはもともと社会《しゃかい》のために役立《やくだ》とうなんてことをきらいだね
社会《しゃかい》のために役立《やくだ》てようとする魔術《まじゅつ》が、現代《げんだい》の科学《かがく》にまで発展《はってん》したんだね

錬《れん》金《きん》術《じゅつ》

錬金術《れんきんじゅつ》というのは、銅《どう》、鉄《てつ》などを金《きん》に変《か》えたり、不老不死《ふろうふし》の薬《くすり》を製造《せいぞう》することなどを試《こころ》みる術《じゅつ》のことである。

錬金術《れんきんじゅつ》は、古代《こだい》エジプトで発生《はっせい》したと考《かんが》えられる。エジプトのヌビアというところでは、紀元前《きげんぜん》二九〇〇年《ねん》ごろから、金《きん》（ヌブ）を採掘《さいくつ》していたという。

その後《ご》、金《きん》の精錬方法《せいれんほうほう》は、研究《けんきゅう》に研究《けんきゅう》が重《かさ》ねられ、呪文《じゅもん》を用《もち》いた精錬《せいれん》方法《ほうほう》も発見《はっけん》されたらしいが、それが、錬金術《れんきんじゅつ》の起《お》こりかもしれない。

錬金術《れんきんじゅつ》の達人《たつじん》は、錬金術師《れんきんじゅつし》と呼《よ》ばれ、彼《かれ》らは、精神《せいしん》を鍛練《たんれん》しなければならなかった。というのは、銅《どう》、鉄《てつ》などを金《きん》に変成《へんせい》するときに、自分《じぶん》の魂《たましい》も同時《どうじ》に変成《へんせい》しなければならない、と考《かんが》えたからである。

つまり、金《きん》は、人間《にんげん》と同《おな》じように生《い》きている、と信《しん》じられていたのである。

第《だい》3章《しょう》 魔《ま》法《ほう》の使《つか》いかた

1 魔《ま》法《ほう》陣《じん》の作《つく》りかた

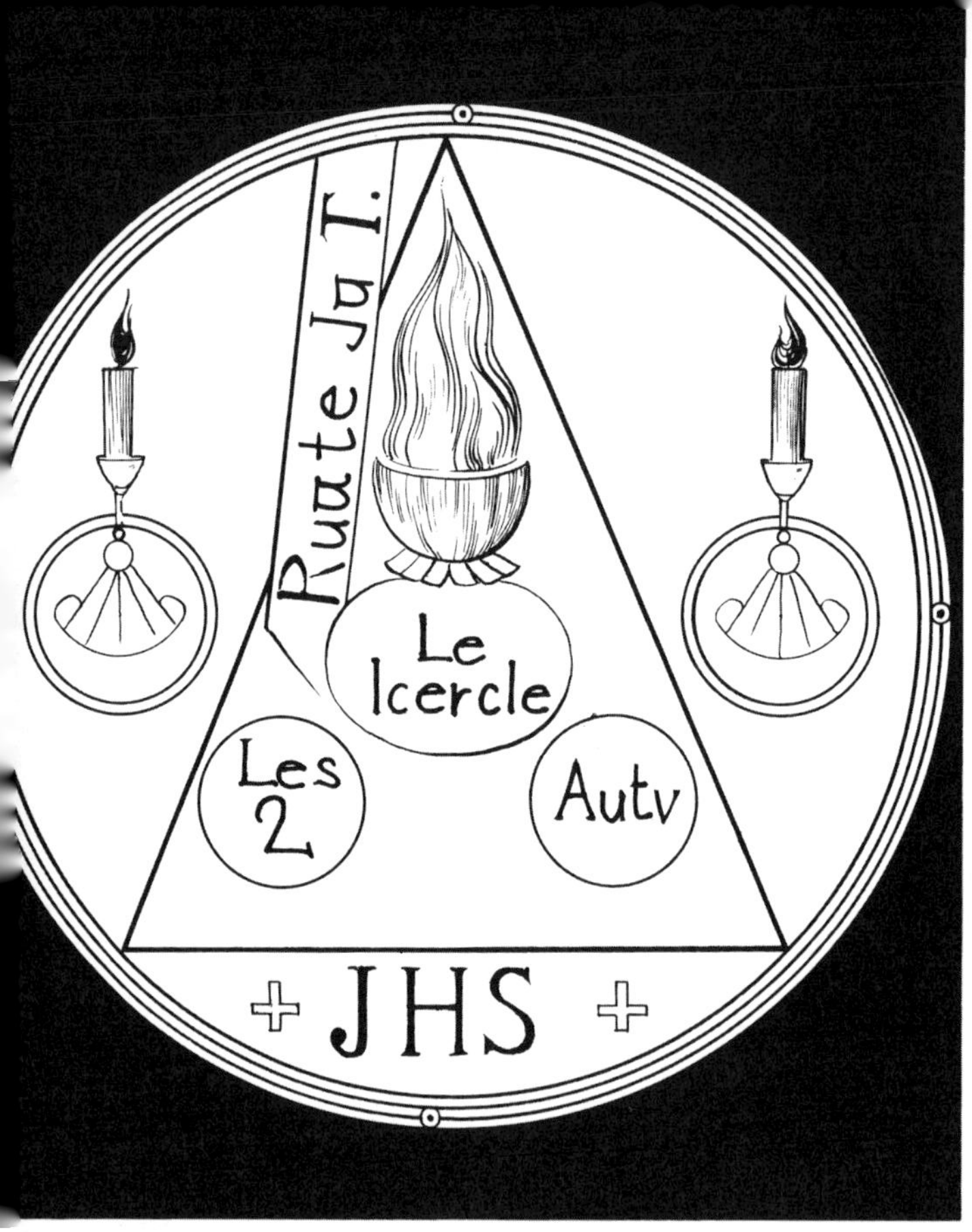

悪魔《あくま》というのは、呼《よ》び出《だ》されたとき、大《おお》きな地鳴《じな》りとともに、実《じつ》に奇《き》怪《かい》な姿《すがた》で現《あら》われる。だから、地鳴《じな》りや妖怪《ようかい》をこわがるような人《ひと》は、悪魔《あくま》を呼《よ》び出《だ》すことをやめたほうがよい。悪魔《あくま》が現《あら》われるときというのは、ほんとうに恐《おそ》ろしいものなのだ。

それから、悪魔《あくま》を呼《よ》び出《だ》す人《ひと》は、たとえどんなことが起《お》ころうとも、魔法陣《まほうじん》の中《なか》から出《で》てはいけない。悪《あく》魔《ま》は、魔法陣《まほうじん》の中《なか》に入《はい》ることはできないが、その代《か》わり、呼《よ》び出《だ》す人《ひと》が魔法陣《まほうじん》から指《ゆび》一本《ぽん》でも出《だ》そうものなら、その人《ひと》は、ズタズタに引《ひ》き裂《さ》かれてしまうのだ。

さて、悪魔《あくま》を呼《よ》び出《だ》す魔法陣《まほうじん》は、

次《つぎ》のようにして作《つく》る。

まず、床《ゆか》の上《うえ》に、血玉髄《けつぎょくずい》で三角形《さんかくけい》を描《えが》く。次《つぎ》に、その三角形《さんかくけい》の斜辺《しゃへん》の部分《ぶぶん》にろうそくを立《た》てる。そして最後《さいご》に、底辺《ていへん》の部分《ぶぶん》にJ・H・Sの文字《もじ》を書《か》き、その両側《りょうがわ》に十字《じゅうじ》を記《しる》す。

まず
なにごとも
おそれない
強《つよ》い精神力《せいしんりょく》を
きたえよう

※血玉髄《けつぎょくずい》＝鉱石《こうせき》の一種《しゅ》、緑玉髄《りょくぎょくずい》に紅点《こうてん》の混《ま》じったもの。血石《けっせき》ともいう。

② 悪魔《あくま》の呼《よ》び出《だ》しかた

悪魔《あくま》というのは、悪魔《あくま》の存在《そんざい》を信《しん》じる人《ひと》にだけ姿《すがた》を見《み》せる。

次《つぎ》のような呪文《じゅもん》を唱《とな》えると、悪魔《あくま》は、すぐに姿《すがた》を見《み》せる。

バガビ　ラカ　バカベ
ラマク　カヒ　アカバベ
カルレリオス
ラマク　ラメク　バカリアス
カバハギ　サバリオス
バリオラス
ラゴス　アタ　カビオラス
サマハク　エト　ファミオラス
ハルラヒヤ

③ 願《ねが》いをかなえる魔法《まほう》

自分《じぶん》の願《ねが》いをかなえてもらうために悪魔《あくま》を呼《よ》び出《だ》すには、次《つぎ》のような方法《ほうほう》を用《もち》いる。

まず金属板《きんぞくばん》を切《き》り取《と》って、図《ず》のような魔法陣《まほうじん》を作《つく》る。中央《ちゅうおう》の三角形《さんかくけい》は、絞首台《こうしゅだい》の鎖《くさり》を釘《くぎ》で打《う》ちつけて作《つく》る。

釘《くぎ》は、車裂《くるまざ》きの刑《けい》などの恐《おそ》ろしい刑《けい》に処《しょ》された罪人《ざいにん》の額《ひたい》につき刺《さ》した釘《くぎ》を用《もち》いる。そして、釘《くぎ》を打《う》ちつけるたびに、

「悪霊《あくりょう》や悪魔《あくま》に負《ま》けずに強《つよ》くなれ」

と言《い》わなければならない。

次《つぎ》に、心《こころ》をこめて、神《かみ》に祈《いの》りをささげる。その際《さい》、

インゲトウイゲシ

サンミムタチュ

という叫《さけ》びを混《ま》ぜながら祈《いの》り、「アーメン」と唱《とな》える。

そして最後《さいご》に、

「地獄《じごく》の犬《いぬ》よ、永遠《とわ》なる呪《のろ》いの深淵《しんえん》から転落《てんらく》せる精霊《せいれい》よ。悪魔《あくま》の怨霊《おんりょう》の大群《たいぐん》のただ中《なか》に雄々《おお》しく立《た》てるわれを見《み》よ」

と唱《とな》える。

悪魔《あくま》が現《あら》われて、願《ねが》いがかなえられたら、悪魔《あくま》が去《さ》ったあと、讃美歌《さんびか》を歌《うた》って神《かみ》に感謝《かんしゃ》することを忘《わす》れてはならない。

※車裂き＝戦国時代《せんごくじだい》の刑《けい》。車二両《くるまにりょう》に罪人《ざいにん》の足《あし》をそれぞれ結《むす》びつけ、肢体を引き裂くもの。

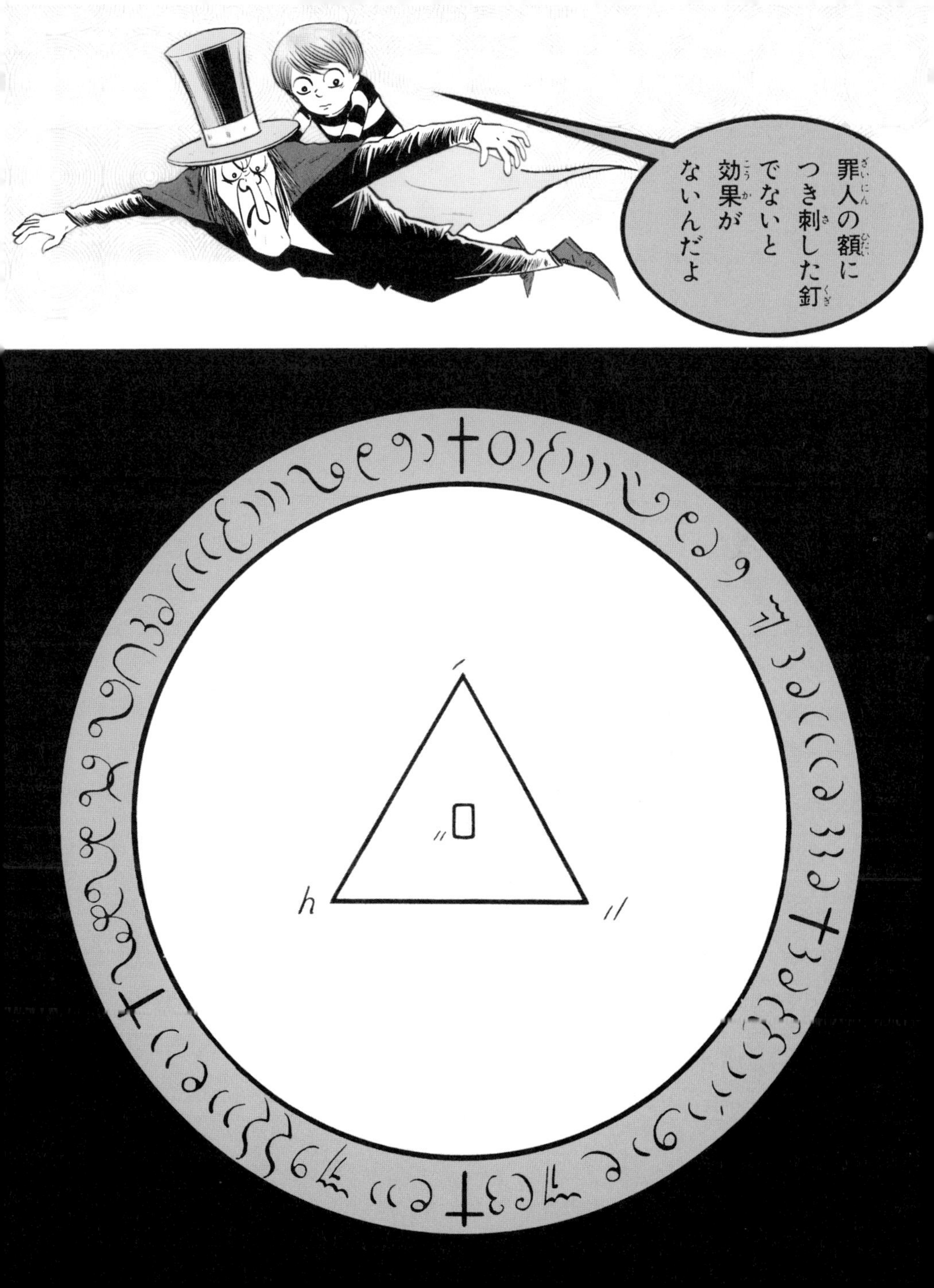
罪人《ざいにん》の額《ひたい》につき刺《さ》した釘《くぎ》でないと効果《こうか》がないんだよ

1
悪魔《あくま》を助手《じょしゅ》にする魔法《まほう》

護符《ごふ》と指輪《ゆびわ》を用《もち》いる方法《ほうほう》もある。図《ず》のような護符《ごふ》と指輪《ゆびわ》を身《み》につけ、次《つぎ》の呪文《じゅもん》を唱《とな》える。

シラース　エタナール
ブサナール

すると、たちまち悪魔《あくま》が現《あら》われて、
「お望《のぞ》みのことをご命令《めいれい》ください。あなた様《さま》の下僕《げぼく》は、喜《よろこ》んでお役《やく》に立《た》つでございましょう」
と言《い》う。

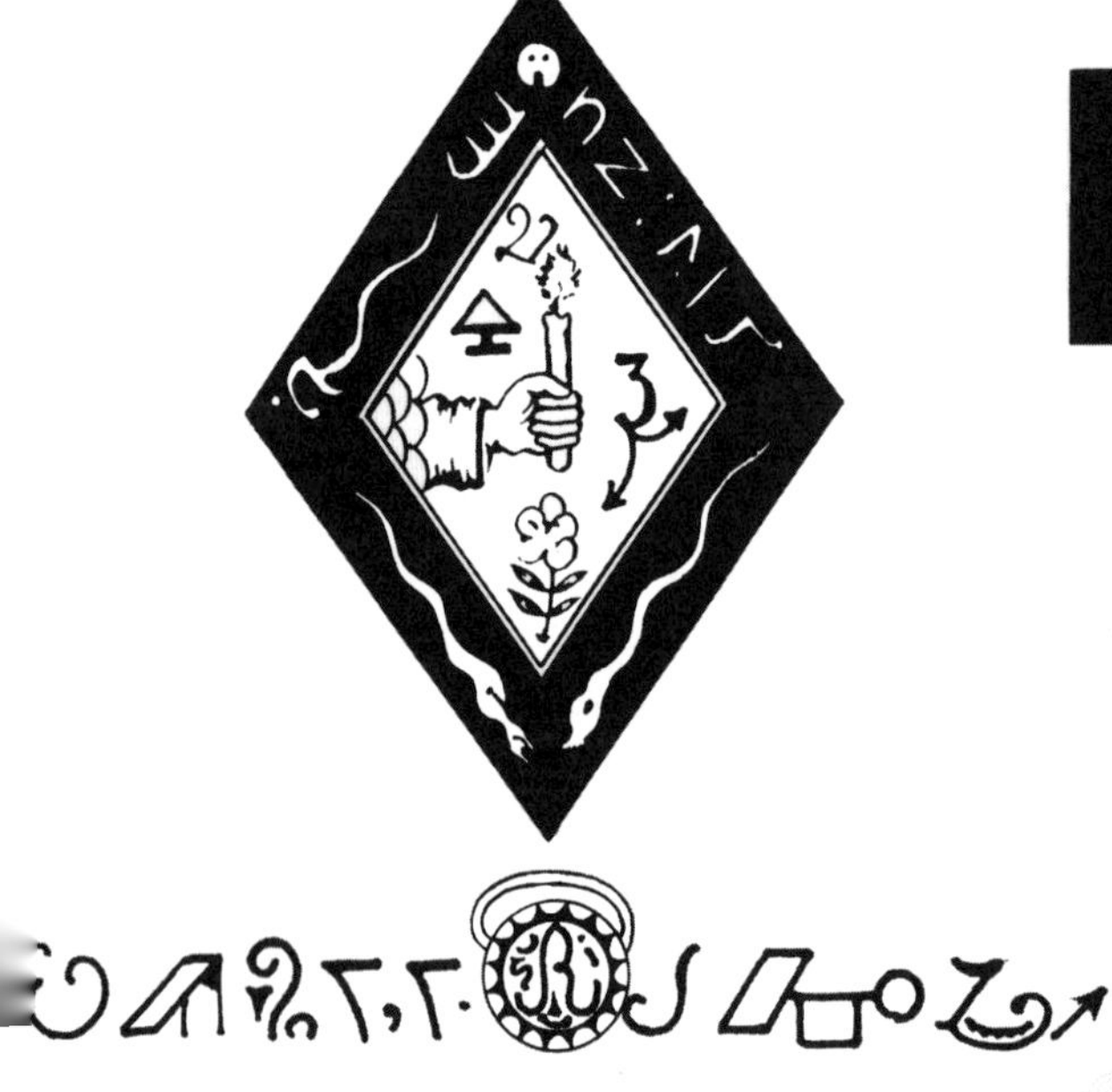

2
金持《かねも》ちになる魔法《まほう》

指輪《ゆびわ》を右手《みぎて》の人《ひと》さし指《ゆび》にはめ、護《ご》符《ふ》を左手《ひだりて》の親指《おやゆび》と小指《こゆび》で持《も》って、次《つぎ》の呪文《じゅもん》を唱《とな》える。

オナーイム　ブランテ
ラソナートス

すると、七人《にん》の悪魔《あくま》がそれぞれ金《きん》貨《か》のいっぱい入《はい》った袋《ふくろ》を持《も》って現《あら》われる。

3

世界《せかい》じゅうの秘密《ひみつ》を知《し》る魔法《まほう》

左手《ひだりて》に指輪《ゆびわ》を持《も》ち、護符《ごふ》に耳《みみ》を近《ちか》づけ、

ニトウーラエ　ラドウ

スナンダム

という呪文《じゅもん》を唱《とな》える。すると、悪魔《あくま》が、知りたいことを耳元《みみもと》でささやいてくれる。

4

他人《たにん》の秘密《ひみつ》を知《し》る魔法《まほう》

指輪《ゆびわ》を左手《ひだりて》の小指《こゆび》にはめ、右耳《みぎみみ》を護符《ごふ》に近《ちか》づけて、次《つぎ》の呪文《じゅもん》を唱《とな》える。

ノクタール　レパン

ビランテール

5 仕事《しごと》をらくにする魔法《まほう》

この護符《ごふ》と指輪《ゆびわ》を身《み》につけ、
ゾランニ　ゼユウ　エラスト
と唱《とな》えると、やり残《のこ》した仕事《しごと》を、悪《あく》魔《ま》がたちまち完成《かんせい》させてくれる。

6 天地《てんち》をあやつる魔法《まほう》

こんどは、天《てん》と地《ち》を自由《じゆう》にあやつって、どんなものでも破壊《はかい》する、という魔法《まほう》である。その呪文《じゅもん》は、次《つぎ》のとおりである。

デイト　フランドース
リダース　タリモル
アトロシース　ナルピダ
ウースル　イタール
ヒスペン　トロマドール
パランテース　ヒスタノース

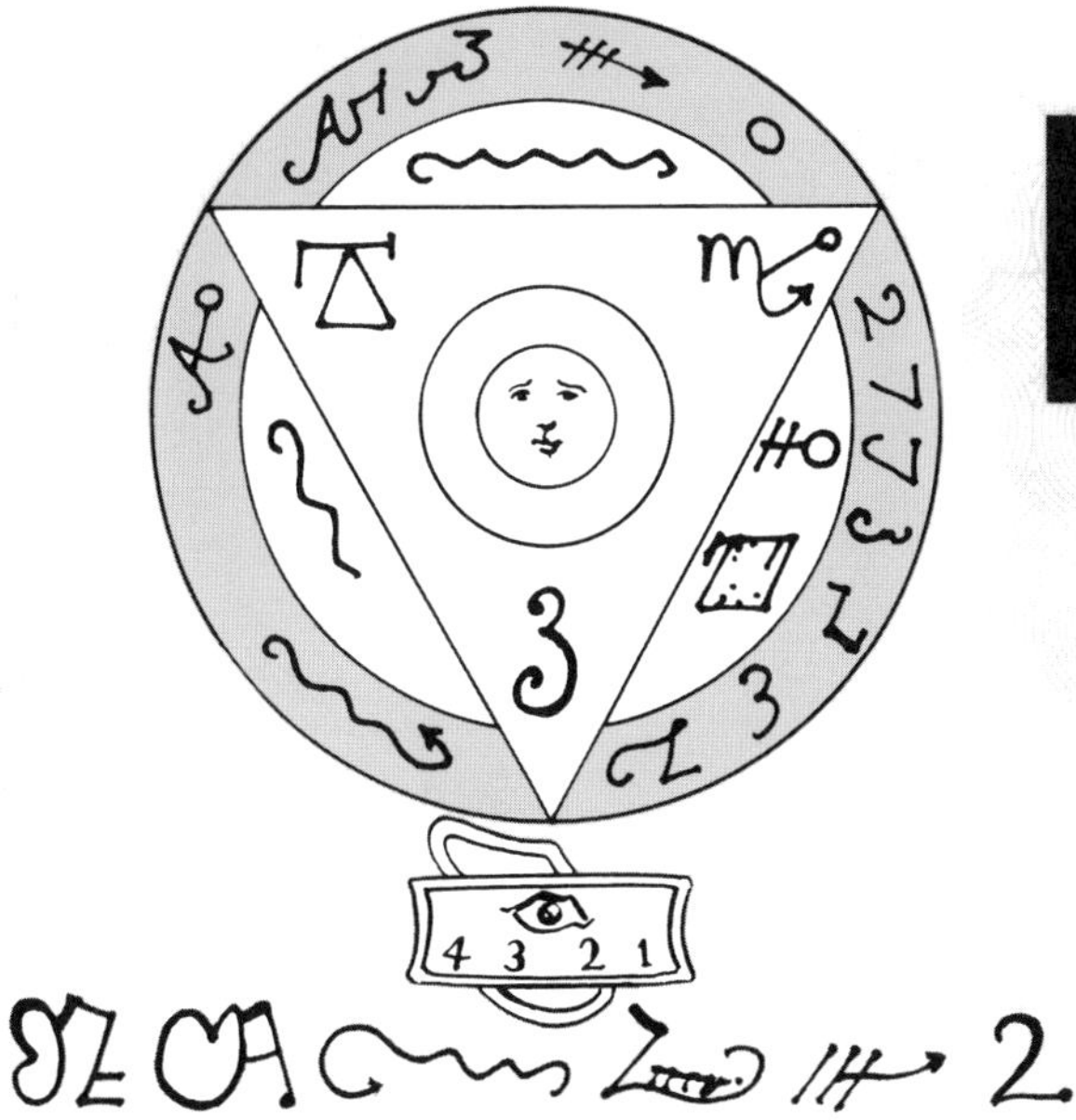

7

姿《すがた》を消《け》す魔法《まほう》

この護符《ごふ》と指輪《ゆびわ》を身《み》につけ

ブナティール　カラクロ

デドース　エティナルミ

と唱《とな》えれば、姿《すがた》を消《け》すことができる。

また、水《みず》の中《なか》や土《つち》の中《なか》へでも自由《じゆう》に入《はい》っていくことができる。

8

性格《せいかく》をよくしてもらう魔法《まほう》

これは、性格《せいかく》をよくしてもらうための護符《ごふ》と指輪《ゆびわ》である。

もし、悪魔《あくま》が拒否《きょひ》した場合《ばあい》は、まず、テーブルの上《うえ》に護符《ごふ》を置《お》き、その上《うえ》に左手《ひだりて》をのせる。そして、指輪《ゆびわ》を右手《みぎて》の人《ひと》さし指《ゆび》にはめ、首《くび》をかたむけながら、次《つぎ》の呪文《じゅもん》を唱《とな》える。

セナホース　テリフィタ

エスタモース

ヘリフィテーノタラン

9

病気《びょうき》を治《なお》す魔法《まほう》

病人《びょうにん》の腹《はら》にこの護符《ごふ》を置《お》き、指輪《ゆびわ》に赤《あか》いリボンを通《とお》して首《くび》にかける。

そして、

レテッレム　サリバート

クラターレス　ヒサーテル

と唱《とな》えれば、どんな病気《びょうき》でも治《なお》ってしまう。

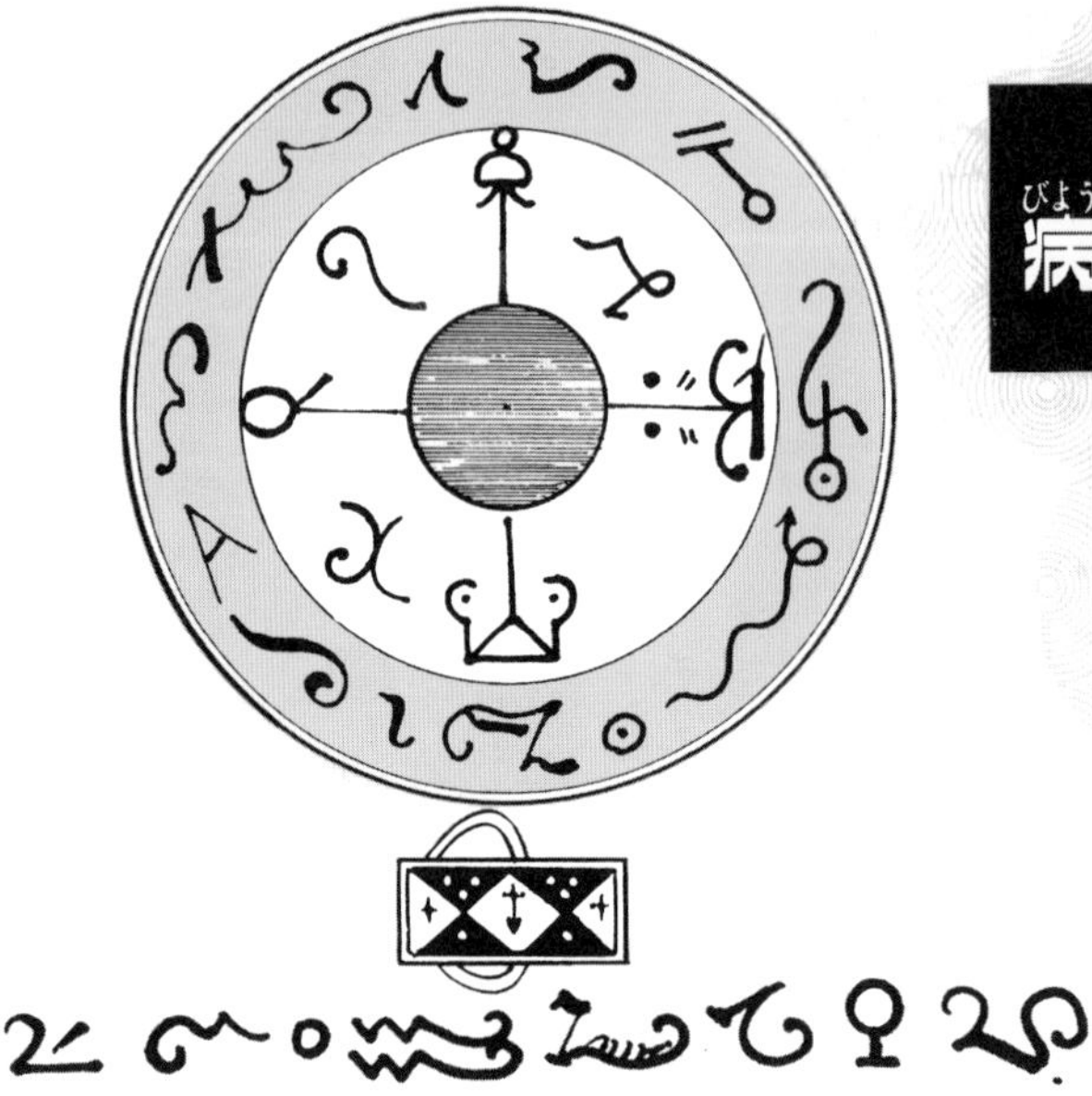

10

身《み》を守《まも》る魔法《まほう》

この指輪《ゆびわ》を右手《みぎて》の小指《こゆび》にはめ、護《ご》符《ふ》を胸《むね》に当《あ》てて、次《つぎ》の呪文《じゅもん》を唱《とな》えれば、あらゆるものから身《み》を守《まも》ることができる。

クロステ　フェリノー

カピタ　グリノース

また、この護符《ごふ》を左手《ひだりて》に持《も》っていると、天才的《てんさいてき》な芸術家《げいじゅつか》になれる。

ボリブリ クンチルン ハレホロリ トッケラコ ツリンプラ
テラマン モロキブリ オチャレンコ ソビルンコ ロジラン
シーテン イルカンテ アボリケロ クンチョロ マビビン
ナーハハ ンンン ダリラリロ ゾラバーバ オッチャレ

4 悪魔《あくま》との契約《けいやく》のしかた

『ソロモンの鍵《かぎ》』には、次《つぎ》のような悪魔《あくま》との契約《けいやく》の方法《ほうほう》が記《しる》されている。

まず、呪文《じゅもん》を唱《とな》える二日前《かまえ》、太陽《たいよう》が地平線《ちへいせん》から顔《かお》を出《だ》す瞬間《しゅんかん》に、一度《ど》も使《つか》ったことのない小刀《がたな》で、一度《ど》も実《み》をつけたことのないハシバミ※の枝《えだ》を一本《ぽん》切《き》り取《と》る。

次《つぎ》に、血玉髄《けつぎょくずい》と二本《ほん》のろうそくを用意《ようい》し、静《しず》かでさびしい場所《ばしょ》に魔法《まほう》陣《じん》を描《えが》く。（魔法陣《まほうじん》の作《つく》りかたは、P108〜109）

※ハシバミ＝カバノキ科《か》の落葉低木《らくようていぼく》。高《たか》さ約《やく》三メートル。春《はる》、開花《かいか》し、果実《かじつ》は食用《しょくよう》。

これだけの準備《じゅんび》が整《ととの》ったら、切《き》り取《と》ったハシバミの枝《えだ》と、呪文《じゅもん》と願《ねが》いを書《か》いた紙《かみ》を持《も》って、中心《ちゅうしん》の三角形《さんかくけい》の内側《うちがわ》に立《た》ち、次《つぎ》の呪文《じゅもん》を唱《とな》える。

「"ルキフェル皇帝《こうてい》"よ。不遇《ふてい》の悪霊《あくりょう》たちの支配者《しはいしゃ》よ。私《わたし》は今《いま》、陛下《へいか》の大臣《だいじん》である偉大《いだい》な"ルキフグス・ロフォカルス"をお呼《よ》びして、契約《けいやく》に署名《しょめい》したいと思《おも》っていますので、どうかお力《ちから》をお借《か》しください。また、"ベールゼブブ王子《おうじ》"が、私《わたし》の企《くわだ》てを守護《しゅご》してくださるようお願《ねが》いします。

偉大《いだい》な"アスタロト大公《たいこう》"よ。大公《こう》にもよろしくお願《ねが》いします。偉大《いだい》な"ルキフグス"が、悪臭《あくしゅう》を消《け》して、人間《にんげん》の姿《すがた》と力《ちから》を備《そな》えて私《わたし》のところに現《あら》われ、これから署名《しょめい》しようとしている同意書《どういしょ》に基《もと》づいて、私《わたし》に必要《ひつよう》ないっさいの富《とみ》を与《あた》えられるようにしてください。

おお、偉大《いだい》な"ルキフグス"よ。今《いま》おられるところからここに来《き》て、私《わたし》に話《はな》しかけてください。もし、あなたが、ここに来《く》るおつもりがなければ、私《わたし》は、偉大《いだい》な生《い》き神《がみ》と聖子《せいし》と聖霊《せいれい》の力《ちから》によって、無理《むり》にもあなたに来《き》ていただかなければなりません。

すぐにおいでください。さもなければ、私《わたし》の強大《きょうだい》な言葉《ことば》の力《ちから》と、ソロモンが、不遇《ふてい》の悪霊《あくりょう》たちと契約《けいやく》を結《むす》ぶときに用《もち》いた偉大《いだい》な『ソロモンの鍵《かぎ》』とによって、閣下《かっか》を永遠《えいえん》に苦《くる》しめます。

ですから、できるだけ早《はや》く現《あら》われてください。さもなければ、私《わたし》は、次《つぎ》のような力強《ちからづよ》い呪文《じゅもん》を唱《とな》えて、あなたを絶《た》えず苦《くる》しめます。

アグロン　テタグラム　ヴァイケオン　スティムラマトン　エロハレス　レトラグサムマトン　クリオラン　イキオン　エシティオン　エクシスティエン　エリオナ　オネラ　エラシン　モイン　メッフィアス　ソテル　エムマヌエル　サバオト　アドマイ　お願《ねが》いします。アーメン」

こう唱《とな》え終《お》わるか終《お》わらないうち

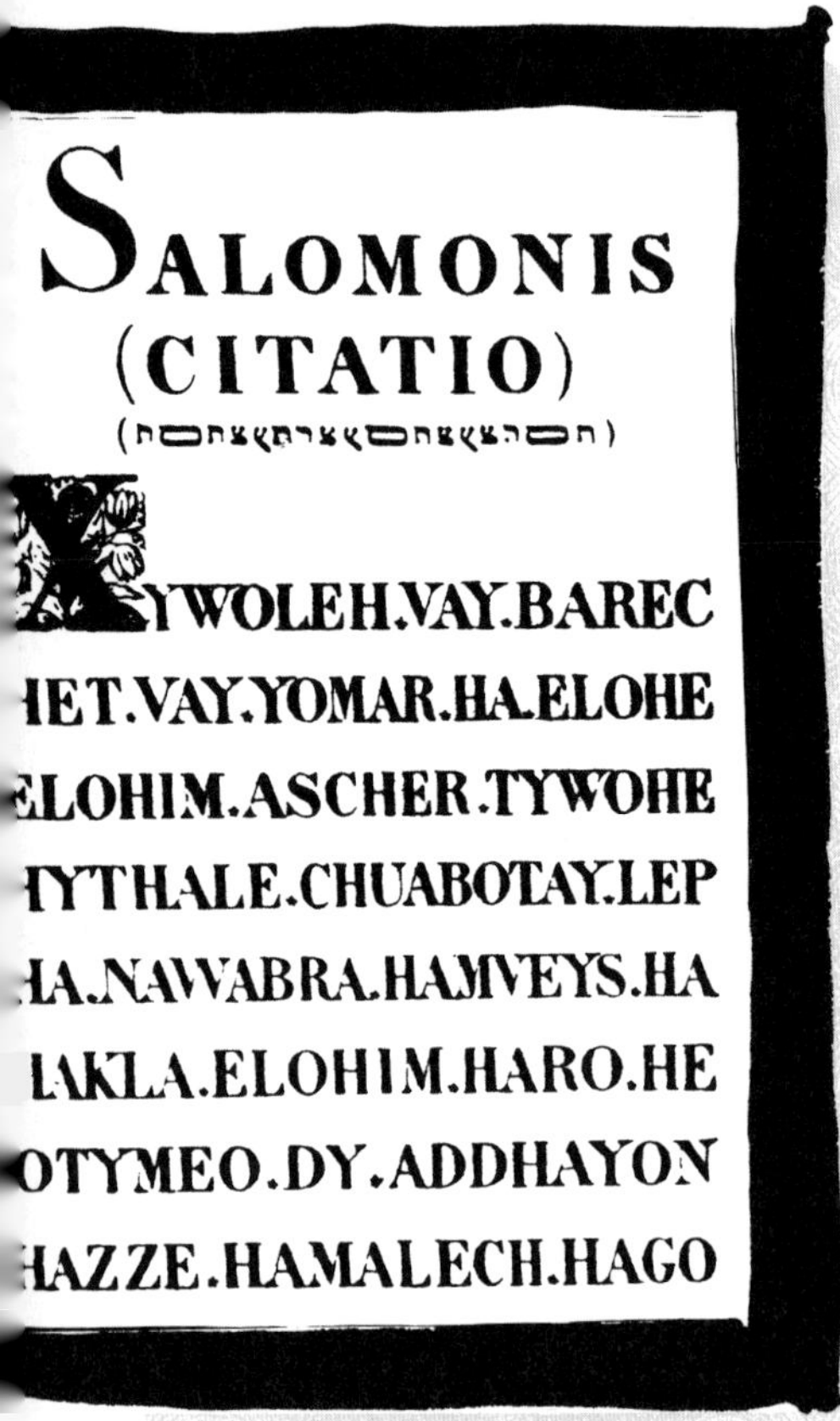
SALOMONIS
(CITATIO)
XYWOLEH.VAY.BAREC
HET.VAY.YOMAR.HA.ELOHE
ELOHIM.ASCHER.TYWOHE
HYTHALE.CHUABOTAY.LEP
HA.NAWABRA.HAMVEYS.HA
HAKLA.ELOHIM.HARO.HE
OTYMEO.DY.ADDHAYON
HAZZE.HAMALECH.HAGO

に、〃ルキフグス〃が現《あら》われ、こう言《い》うはずだ。

「さあ、やって来《き》たぞ。何《なに》がほしいのだ？　なぜ、わしが休《やす》んでいるのを邪魔《じゃま》するのか」

そこで、すかさずこう言《い》う。

「私《わたし》は、あなたが私《わたし》に富《とみ》を与《あた》えてくれるよう契約《けいやく》を結《むす》びたい。そうしなければ、『ソロモンの鍵《かぎ》』の呪文《じゅもん》であなたを苦《くる》しめます」

〃ルキフグス〃は、

「二十年後《ねんご》に、わしがおまえを好《す》きなようにしてもよい、ということを了解《りょうかい》のうえで、おまえの魂《たましい》と肉体《にくたい》を引《ひ》きわたしてくれるのでなければ、わしは、おまえの命令《めいれい》に従《したが》うことはできない」

と答《こた》えるが、このとき、決《けっ》して自分《じぶん》を引《ひ》きわたしてはならない。何《なに》も言《い》わず、ま新《あたら》しい羊皮紙《ようひし》に、

「偉《い》大《だい》な〃ルキフグス〃が、私《わたし》に富《とみ》を与《あた》えてくれれば、二十年後《ねんご》に、偉《い》大《だい》な〃ルキフグス〃に謝礼《しゃれい》することを約束《やくそく》します」

と書《か》き、自分《じぶん》の血《ち》で署名《しょめい》して、魔法《まほう》陣《じん》の外《そと》に投《な》げつけるのだ。

〃ルキフグス〃は、この契約書《けいやくしょ》をなかなか受《う》け取《と》らないが、決《けっ》してこちらから引《ひ》き下《さ》がらなければ、悪魔《あくま》との契約《けいやく》は、きっと成功《せいこう》するはずだ。

びくびくして契約《けいやく》しようとすると地獄《じごく》へ落《お》とされるんだって？
そうさ　少《すこ》しでも弱気《よわき》になろうものなら、まちがいなく地獄《じごく》行《い》きだぜ

5 宝物《たからもの》を手《て》に入《い》れる魔法《まほう》

悪魔《あくま》を呼《よ》び出《だ》して、とにかくこちらの要求《ようきゅう》を述《の》べてみる。しかし、悪《あく》魔《ま》がこれを聞《き》き入《い》れなかった場合《ばあい》には、取《と》って置《お》きの方法《ほうほう》がある。

『ソロモンの鍵《かぎ》』の呪文《じゅもん》を唱《とな》え、悪《あく》魔《ま》を苦《くる》しめるのだ。すると悪魔《あくま》は、必《かなら》ずこう言《い》う。

「なぜ、おまえはわしを苦《くる》しめるのか？　もし、おまえが、わしを一人《ひとり》にしておいてくれるなら、ここからあまり遠《とお》くないところにある宝物《たからもの》をおまえにやろう。

わしのほうの条件《じょうけん》は、毎月第《まいつきだい》一月《げつ》曜日《ようび》に、貨幣《かへい》一枚《まい》を献納《けんのう》すること、毎週《まいしゅう》一回《かい》、夜《よる》の十時《じ》から朝《あさ》の二時《じ》までの間《あいだ》に、わしを訪問《ほうもん》することである。もし、おまえが約束《やくそく》を守《まも》らなければ、二十年後《ねんご》には、おまえはわし

のものになるのだ」

そうしたら、こう答《こた》えればいい。

「私《わたし》は、その宝物《たからもの》をすぐにも手《て》に入《い》れたいので、約束《やくそく》の宝物《たからもの》を私《わたし》に見《み》せてくださるのなら、私《わたし》はあなたの言《い》われることに同意《どうい》しましょう」

すると悪魔《あくま》は、

「見《み》せてやるから、わしについてきて、宝物《たからもの》を取《と》るがいい」

と言《い》う。

そこで、悪魔《あくま》について宝物《たからもの》のところまで行き、宝物《たからもの》の上《うえ》に契約書《けいやくしょ》を置《お》く。それから、運《はこ》べるだけの宝物《たからもの》を持《も》って、あとずさりしながら、もとの位置《いち》に戻《もど》り、こう別《わか》れを告《つ》げる。

「おかげで私《わたし》は満足《まんぞく》です。もうあなたとお別《わか》れしますから、ご安心《あんしん》ください。どこへでもお好《す》きなところへ立《た》ち去《さ》ってください。ただし、騒《さわ》ぎたてたり、いやなにおいをさせないでください」

これで完了《かんりょう》である。手《て》には、どっさりと宝物《たからもの》が残《のこ》る、というわけだ。

6 死者《ししゃ》の呼《よ》び出《だ》しかた

死者《ししゃ》を墓《はか》の中《なか》からよみがえらせ、隠《かく》された宝物《たからもの》の場所《ばしょ》や、未来《みらい》について語《かた》らせる術《じゅつ》がある。

まず、ま夜中《よなか》、クリスマスのミサに出席《しゅっせき》する。そして、十字架《じか》がかかげられたら、腰《こし》をかがめ、低《ひく》い声《こえ》で、

「死者《ししゃ》は立《た》ち上《あ》がり、わがもとへ来《き》たれり」

とつぶやく。そうしたら、すぐ教会《きょうかい》を去《さ》り、近《ちか》くの墓地《ぼち》へ行《い》き、一番手《ばんて》前《まえ》の墓《はか》の前《まえ》でこう唱《とな》える。

「天地万物《てんちばんぶつ》を混乱《こんらん》におとしいれる地獄《じごく》の魔物《まもの》よ。陰気《いんき》なるすみかを立《た》ち去《さ》りて、※三途《さんず》の川《かわ》のこなたへ来《き》たれ」

しばらく沈黙《ちんもく》したあと、次《つぎ》の呪文《じゅもん》を唱《とな》える。

「汝《なんじ》、もし呼《よ》ぶ人《ひと》を意《い》のままにしうるならば、請《こ》う、汝《なんじ》が百王《ひゃくおう》の王《おう》の名《な》において、彼《かれ》をわが指定《してい》せる時刻《じこく》に出現《しゅつげん》せしめんことを」

それから、一握《ひとにぎ》りの土《つち》を取《と》り、それを少《すこ》しずつばらまきながら、次《つぎ》のような言葉《ことば》を何度《なんど》も唱《とな》える。

「くち果《は》てし遺体《いたい》よ。眠《ねむ》りからめざめよ。遺体《いたい》より踏《ふ》み出《い》でて、万人《ばんにん》の父《ちち》の名《な》のもとに行《おこ》なうわが要求《ようきゅう》に答《こた》えよ」

そして、太陽《たいよう》が昇《のぼ》るまで、東《ひがし》の方《ほう》角《がく》に向《む》かってひざまずいたままでいる。その際《さい》、人間《にんげん》の骨《ほね》を二本重《ほんかさ》ねて十字型《じゅうじがた》にして、そばに置《お》いておく。

明《あ》け方《がた》、その二本《ほん》の骨《ほね》を、ミサが行《おこ》なわれた教会《きょうかい》に投《な》げこむ。そのあと、北《きた》に向《む》かって正確《せいかく》に五千《せん》九百歩《ひゃっぽ》離《はな》れたところに横《よこ》たわる。このとき、両手《りょうて》を足《あし》の上《うえ》にのせ、月《つき》の方向《ほうこう》を見《み》なければならない。そして、

「われは汝《なんじ》を求《もと》め、見《み》ることを得《え》ん」

と唱《とな》える。

すると、いよいよ死者《ししゃ》が現《あら》われる。

そうしたら、自分《じぶん》の聞《き》きたいことを何《なん》でも聞《き》けばよい。

用《よう》が済《す》んだら、

「選民《せんみん》の王国《おうこく》に戻《もど》れ。汝《なんじ》がここに来《き》たるはうれし」

と唱《とな》えれば、死者《ししゃ》は消《き》え去《さ》る。

最後《さいご》に、術《じゅつ》を始《はじ》めた墓石《はかいし》の上《うえ》に十字《じゅうじ》を切《き》れば、この術《じゅつ》は完了《かんりょう》する。

ただし、この術《じゅつ》は、どんな小《ちい》さなことでも忘《わす》れると、地獄《じごく》に落《お》とされる危険《きけん》があるので、慎重《しんちょう》に行《おこ》なわなければならない。

※三途《さんず》の川《かわ》＝仏教《ぶっきょう》の信仰《しんこう》で、人《ひと》が死《し》んであの世《よ》へ行《い》くとちゅうでわたるといわれる川《かわ》。

7 魔法《まほう》の石《いし》

宝石《ほうせき》には不思議《ふしぎ》な力《ちから》がある。

たとえば、インド産《さん》の紫水晶《むらさきすいしょう》は、酔《よ》いをさましたり、知性《ちせい》をうながしたりする作用《さよう》がある。また、闘争心《とうそうしん》をしずめる働《はたら》きもあるという。
※緑柱石《りょくちゅうせき》は、肝臓《かんぞう》の痛《いた》みを和《やわ》らげ、しゃっくりやげっぷを止《と》めるのに役《やく》立《だ》つ。なまけぐせを治《なお》したり、家庭《かてい》を円満《えんまん》にする作用《さよう》もある。
丸《まる》い緑柱石《りょくちゅうせき》を太陽《たいよう》に当《あ》てて、火《ひ》をつけることもできるという。

※緑柱石《りょくちゅうせき》＝六角柱状《かくちゅうじょう》の結晶《けっしょう》をつくる鉱物《こうぶつ》。無色《むしょく》、緑色《みどりいろ》、淡青色《たんせいしょく》があり、深緑色《ふかみどりいろ》のエメラルドは、この一種《いっしゅ》。

SVPE
Cock excud cum priuileg 1558

8 エジプトの魔法《まほう》

エジプトでは、呪術《じゅじゅつ》に取《と》りかかる前《まえ》には、念入《ねんい》りな準備《じゅんび》が必要《ひつよう》だ。

呪術師《じゅじゅつし》は、まず九日間《ここのかかん》、清《きよ》めの儀《ぎ》式《しき》を受《う》ける。次《つぎ》に、頭《あたま》から油《あぶら》をかぶり、天然炭酸《てんねんたんさん》ソーダで口《くち》をすすぐ。そして、新《あたら》しくて白《しろ》い、完全《かんぜん》に消毒《しょうどく》された衣服《いふく》をまとう。

身《み》なりが整《ととの》ったら、舌《した》の上《うえ》に緑色《みどりいろ》のインクで、真実《しんじつ》を意味《いみ》する羽毛《うもう》の模様《もよう》を描《えが》く。そして、その時刻《じこく》に合《あ》っているとされている色《いろ》で、地上《ちじょう》に円《えん》を描《えが》く。

呪術師《じゅじゅつし》の両足《りょうあし》には粘土《ねんど》をなすりつけ、両足《りょうあし》の間《あいだ》にロバの頭《あたま》を置《お》く。手《て》と口《くち》には、ロバの血《ち》をこすりつける。

これだけの準備《じゅんび》ができたら、呪術《じゅじゅつ》師《し》は、太陽《たいよう》の方《ほう》を向《む》き、片方《かたほう》の腕《うで》を前《まえ》に、もう片方《かたほう》の腕《うで》を後《うし》ろにする。

そして、リズムのある話《はな》しかたで、悪神《あくしん》〝セト・テコフォン〟に話《はな》しかける。

「汝恐《なんじおそ》るべき、目《め》に見《み》えぬ全能者《ぜんのうしゃ》よ。神々《かみがみ》の内《うち》なる神《かみ》よ。攻撃者《こうげきしゃ》にして破《は》壊者《かいしゃ》よ」

エジプトでは、死者《しゃ》が来世《らいせ》へ行《い》くために念入《ねんい》りな儀《ぎ》式《しき》をしたにもかかわらず、現世《げんせ》に戻《もど》ってくることは、非常《ひじょう》に恐《おそ》れられている。

このようなときには、次《つぎ》のような呪文《じゅもん》が用《もち》いられる。

「おお雌《め》羊《ひつじ》、雌《め》羊《ひつじ》の息子《むすこ》、子羊《こひつじ》、母《はは》羊《ひつじ》の乳《ちち》を吸《す》う雌羊《めひつじ》の息子《むすこ》よ。死者《ししゃ》をして、雄《お》蛇《へび》もしくは雌《め》蛇《へび》、サソリ、ハチュウ類《るい》にかましむるなかれ。

害液《がいえき》を、彼《かれ》の手《て》足《あし》の主《しゅ》たらしめず、はたまた、男女《だんじょ》のいずれの死《し》者《しゃ》をも、害液《がいえき》に入《い》らしむるなかれ。願《ねが》わくば、それがいかなる精霊《せいれい》の影《かげ》にもつきまとわれざらんことを。エム・クカフ・エフなる蛇《へび》の口《くち》が、彼《かれ》に威力《いりょく》をふるわざらんことを。かれは雌《め》羊《ひつじ》なり。汝《なんじ》入《い》るものよ。いかなる死《し》者《しゃ》の手《て》足《あし》にも入《い》るなかれ。おお、汝《なんじ》聞《き》くものよ。彼《かれ》に耳《みみ》をかたむくるなかれ。おお、汝《なんじ》巻《ま》きつくものよ。彼《かれ》に巻《ま》きつくなかれ。

われ、これらの言葉《ことば》を家《いえ》のすみずみに置《お》かれし聖《せい》なる草《くさ》に語《かた》れり。そ

の後《のち》われ、日没《にちぼつ》および日《ひ》の出《で》に聖水《せいすい》を一面《めん》にまけり。これ（死者《ししゃ》）に耳《みみ》をかたむくるものは、これに代《か》わりて広《ひろ》がりのびん」

かなり複雑《ふくざつ》な呪文《じゅもん》だが、これは暗《あん》唱《しょう》しなければならない。

死者《ししゃ》たちの中《なか》に、鼻《はな》に包帯《ほうたい》が巻《ま》きつけられているミイラがいる。これは、魂《たましい》がほろびるまで来世《らいせ》に行《い》くことができないミイラで、ゆりかごで眠《ねむ》っている子《こ》どもを盗《ぬす》もうとする。

これを防《ふせ》ぐには、次《つぎ》の呪文《じゅもん》を唱《とな》えなければならない。

「Ｎ（呪文《じゅもん》の語《かた》り手《て》）の美点《びてん》は、〝オシリス〟の美点《びてん》なり。彼《かれ》の上唇《うわくちびる》は、〝イシス〟の上唇《うわくちびる》なり。彼《かれ》の下唇《したくちびる》は、〝ネフティス〟の下唇《したくちびる》なり。彼《かれ》の歯《は》は、小剣《しょうけん》なり。彼《かれ》の腕《うで》は、神々《かみがみ》の腕《うで》なり。彼《かれ》の指《ゆび》は、聖《せい》なる蛇《へび》のごとし。彼《かれ》の背《せ》は〝ゲブ〟の背《せ》のごとし」

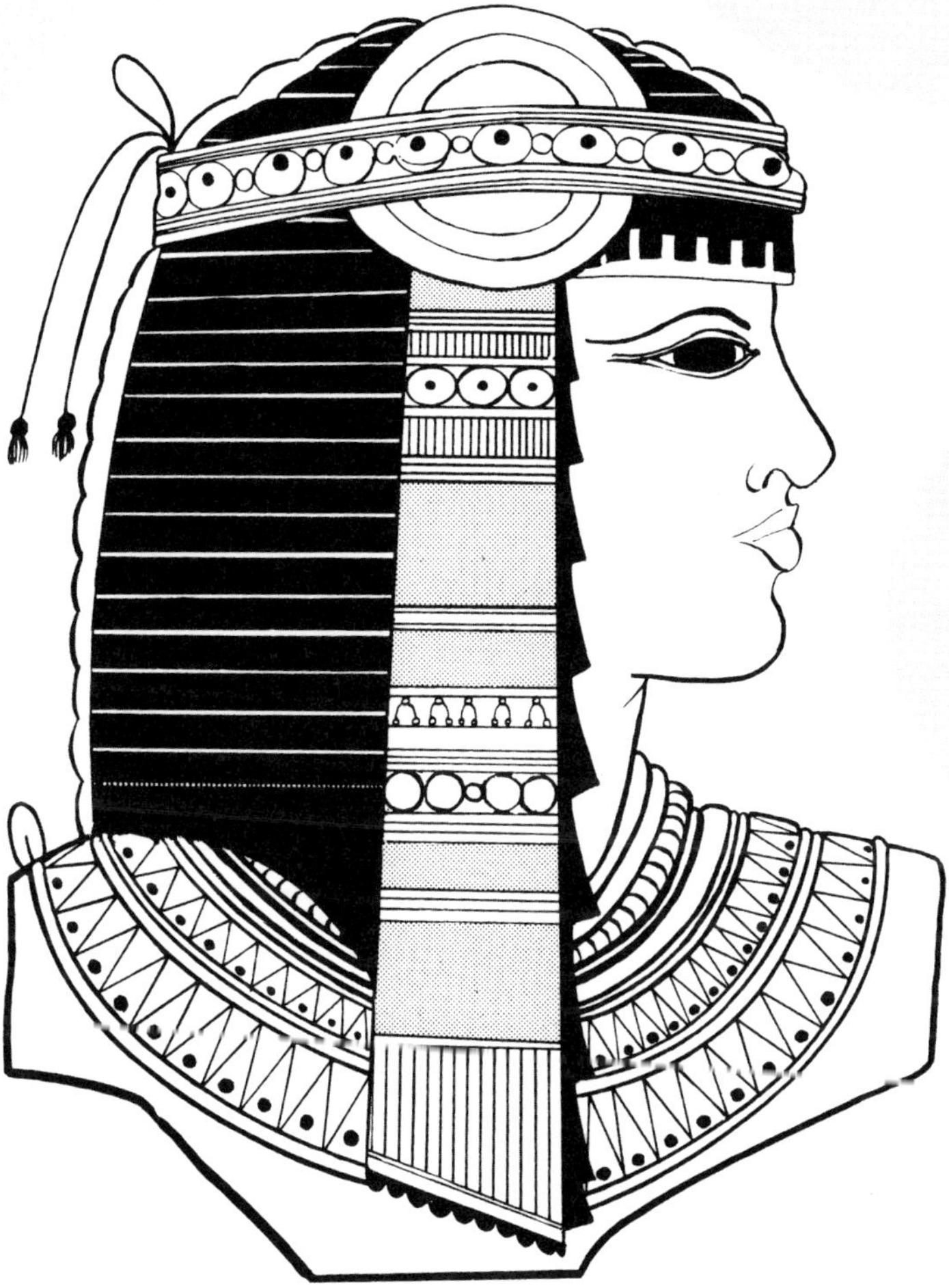

第《だい》4章《しょう》

悪《あく》魔《ま》の世《せ》界《かい》

髪《かみ》と爪《つめ》

髪《かみ》と爪《つめ》は、悪魔《あくま》や呪術《じゅじゅつ》と深《ふか》くかかわっている。

※マダガスカル島《とう》では、のびた爪《つめ》の中《なか》には悪魔《あくま》が巣《す》くう、と信《しん》じられている。

ペルシャでは、髪《かみ》と爪《つめ》は、人間《にんげん》のからだから離《はな》れたとたん、邪悪《じゃあく》なものになる、と考《かんが》えられていた。呪術師《じゅじゅつし》は、これを使《つか》って死者《ししゃ》を呼《よ》び出《だ》したり、呪《のろ》いをかけたりしたので、人々は、切《き》った髪《かみ》や爪《つめ》を隠《かく》しておいたという。

現在《げんざい》でも、※アルメニア人は、切《き》った髪《かみ》の毛《け》を教会《きょうかい》や古木《こぼく》の中《なか》に隠《かく》す。

また、ベルギーのリエージュというところの人々《ひとびと》は、くしについた髪《かみ》の毛《け》が呪術師《じゅじゅつし》の手《て》にわたらぬよう、念《ねん》入《い》りに取《と》り除《のぞ》くという。

※マダガスカル島《とう》＝アフリカ大陸《たいりく》の南東《なんとう》、モザンビーク海峡《かいきょう》をはさんで位置《いち》する大島《おおしま》。

※アルメニア人《じん》＝西南《せいなん》アジア、コーカサス山《さん》脈《みゃく》南方《なんぽう》の高原《こうげん》地域《ちいき》に住《す》む。

悪《あく》魔《ま》の署《しょ》名《めい》

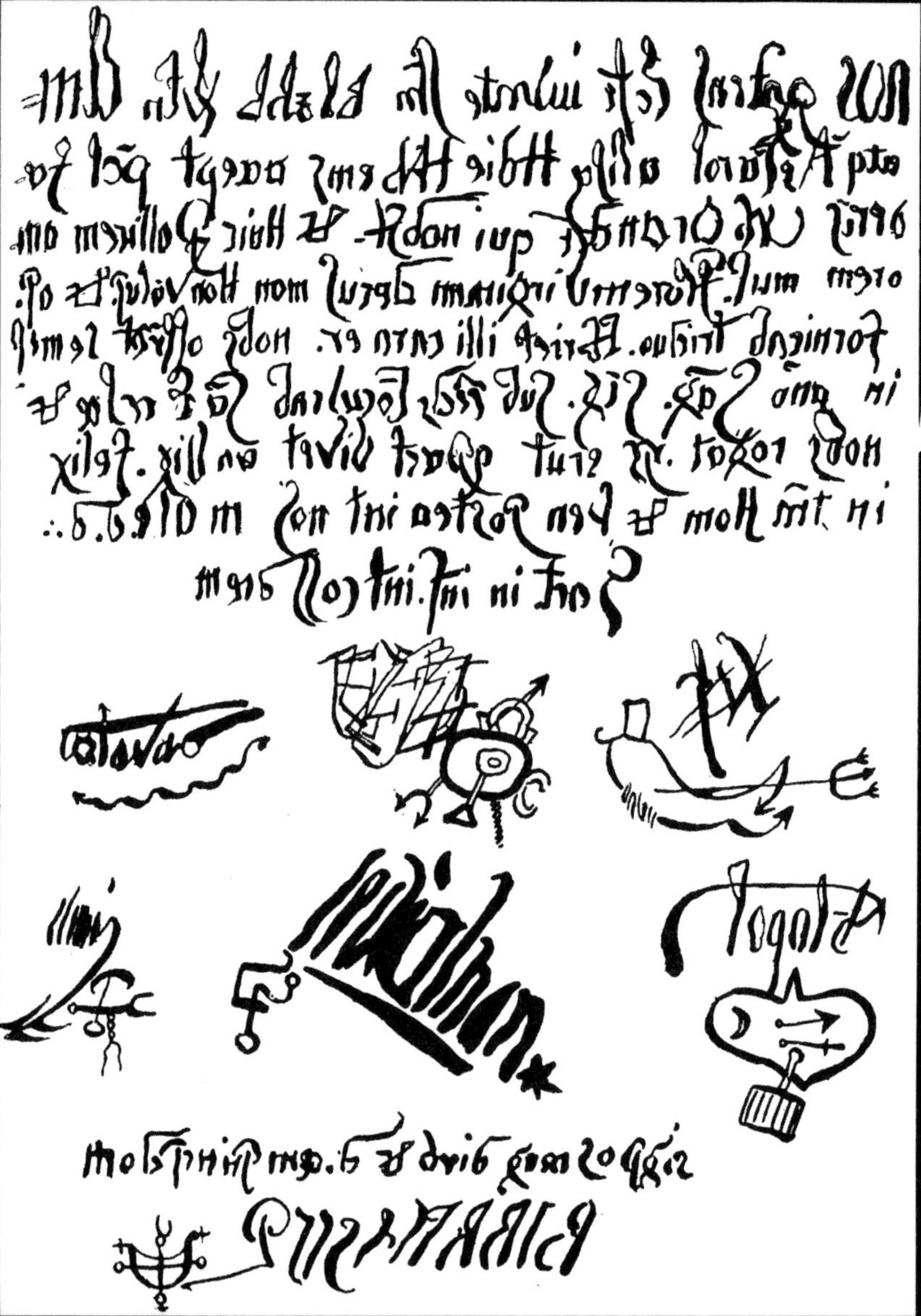

Lucifuge Rofocale

悪魔《あくま》の署名《しょめい》が、現在《げんざい》も残《のこ》っている。一三世紀《せいき》、悪魔《あくま》が最《もっと》もはびこったころ、悪魔《あくま》は、自分《じぶん》が実在《じつざい》する証拠《しょうこ》をさまざまな形《かたち》で残《のこ》した。その一つが、悪魔《あくま》の署名《しょめい》である。悪魔《あくま》は、契約書《けいやくしょ》や書物《しょもつ》のとびらなどに、奇妙《きみょう》な署名《しょめい》を記《しる》した。

また悪魔《あくま》は、消《き》え去《さ》るときに、硫黄《いおう》のような、いやなにおいを残《のこ》すが、このにおいも、自分《じぶん》が実在《じつざい》することの証拠《しょうこ》として残《のこ》すらしい。

これは一六三〇年《ねん》フランスで発見《はっけん》されたものらしいよ

悪魔《あくま》の姿《すがた》

一般《いっぱん》に悪魔《あくま》は、恐《おそ》ろしく、気味《きみ》の悪《わる》い姿《すがた》をしている、と思《おも》われている。しかし、このような悪魔《あくま》の姿《すがた》というのは、人間《にんげん》によって造《つく》り上《あ》げられたものなのだ。というのは、悪魔《あくま》は、人間《にんげん》からもらったものはすべて受《う》け入《い》れなければならない、と神《かみ》が決定《けってい》したからだ。

たとえば、悪魔《あくま》の角《つの》は、子《こ》どもが近《ちか》づかないためのおどしとして、母《はは》親《おや》たちがつけたものである。また、最初《さいしょ》、悪魔《あくま》には尾《お》がなかったが、悪《あく》魔《ま》には尾《お》がついている、という迷信《めいしん》が悪魔《あくま》に尾《お》を与《あた》えたという。

　悪魔《あくま》は、このようなありがたくない人間《にんげん》からの贈《おく》り物《もの》に悩《なや》み、こんなことをつぶやいている。

「私《わたし》は、ほんとうの自分《じぶん》がわからないくらい醜《みにく》くされている。その上《うえ》、魔《ま》よけ師《し》からは、いろんな名《な》まえや形《かたち》が与《あた》えられる」

悪魔《あくま》は
人間《にんげん》に、醜《みにく》い
姿《すがた》にされたお返《かえ》しに
悪《わる》いことをするの
かもしれないね

へーんだ!
おれだって
ほんとうは
今《いま》よりも、ずっと
ハンサムだった
んだぜ

悪魔《あくま》の性格《せいかく》

一一三〇年《ねん》のことである。ザクセン（ドイツ北部《ほくぶ》）のヒルデスハイムというところの司教《しきょう》の家《いえ》で、一人《ひとり》の悪《あく》魔《ま》が働《はたら》いていた。この悪魔《あくま》は、たいへん働《はたら》き者《もの》で、おいしい料理《りょうり》を作《つく》ったり、よい忠告《ちゅうこく》をしたりしたので、家《いえ》の人《ひと》たちに信頼《しんらい》されていた。

ところがあるとき、一人《ひとり》の召使《めしつか》いがこの悪魔《あくま》をねたみ、恥《はじ》をかかせた上《うえ》になぐりつけた。悪魔《あくま》は、このことを司教《しきょう》に訴《うった》えたが、聞《き》き入《い》れてもらえなかった。怒《おこ》った悪魔《あくま》は、その家《いえ》の召使《めしつか》いをみんな殺《ころ》して、どこかへ消《き》え去《さ》ったということだ。

しかし、悪魔《あくま》を怒《おこ》らせるようなことをしなければ、悪魔《あくま》とは仲《なか》よくやっていけるようで、こんな話《はなし》もある。

ぶどう酒《しゅ》で有名《ゆうめい》な、ある修道院《しゅうどういん》があった。ここで、毎晩《まいばん》ぶどう園《えん》の見《み》張《は》りをしている番人《ばんにん》がいたが、それは、眠《ねむ》くてたいへんな仕事《しごと》だった。

そこである日《ひ》、番人《ばんにん》は悪魔《あくま》を呼《よ》び出《だ》し、

「ぶどうをかごにいっぱいやるから、仕事《しごと》を代《か》わってくれないか?」と頼《たの》んだ。
すると悪魔《あくま》は、あっさりとこれを引《ひ》き受《う》け、毎晩《まいばん》寝《ね》ずに見張《みは》りをしたという。
このように、悪魔《あくま》は悪事《あくじ》を働《はたら》くばかりではなく、けっこうよい面《めん》ももっているようだ。

おい
なんだって!?
おれには
いいところが
少《すこ》しもない
だってェ!

悪魔《あくま》の労働《ろうどう》

スカンジナビアでは、悪魔《あくま》たちは夜中《よなか》、馬小屋《うまごや》をそうじしたり、馬《うま》の世話《せわ》をしたりするという。だから馬《うま》のほうも、悪魔《あくま》によくなついているようだ。

鉱山《こうざん》で働《はたら》く悪魔《あくま》もいる。悪魔《あくま》たちは、鉱夫《こうふ》が手《て》を出《だ》さない限《かぎ》り危害《きがい》を加《くわ》えるようなことはしないが、うかつに悪魔《あくま》のきげんを損《そこ》ねようものならたいへんなことになる。

スイスのダヴォスという村《むら》のできごとである。あるとき、一人《ひとり》の鉱夫《こうふ》が悪魔《あくま》のことをあざ笑《わら》った。するとその鉱夫《こうふ》の頭《あたま》は、ぐるぐると回転《かいてん》するようになり、一生《いっしょう》治《なお》らなかったという。

人間《にんげん》よりも
悪魔《あくま》のほうが
ずっと働《はたら》き者《もの》なの
かもしれないね

悪魔《あくま》の変身《へんしん》

悪魔《あくま》は、鳥《とり》、犬《いぬ》、猫《ねこ》、雄牛《おうし》、猿《さる》、熊《くま》、ひきがえるなどに姿《すがた》を変《か》えるが、ときには、上品《じょうひん》な服装《ふくそう》をした紳士《しんし》、ハンサムな兵士《へいし》、たくましい農夫《のうふ》、美少女《びしょうじょ》などにも変身《へんしん》する。

しかし、悪魔《あくま》の変身《へんしん》には、必《かなら》ず大《おお》きな見落《みお》としがあるという。たとえば、悪魔《あくま》には尻《しり》がない。だから、ほんとうの人間《にんげん》の姿《すがた》になることはできないのである。

悪《あく》魔《ま》つき

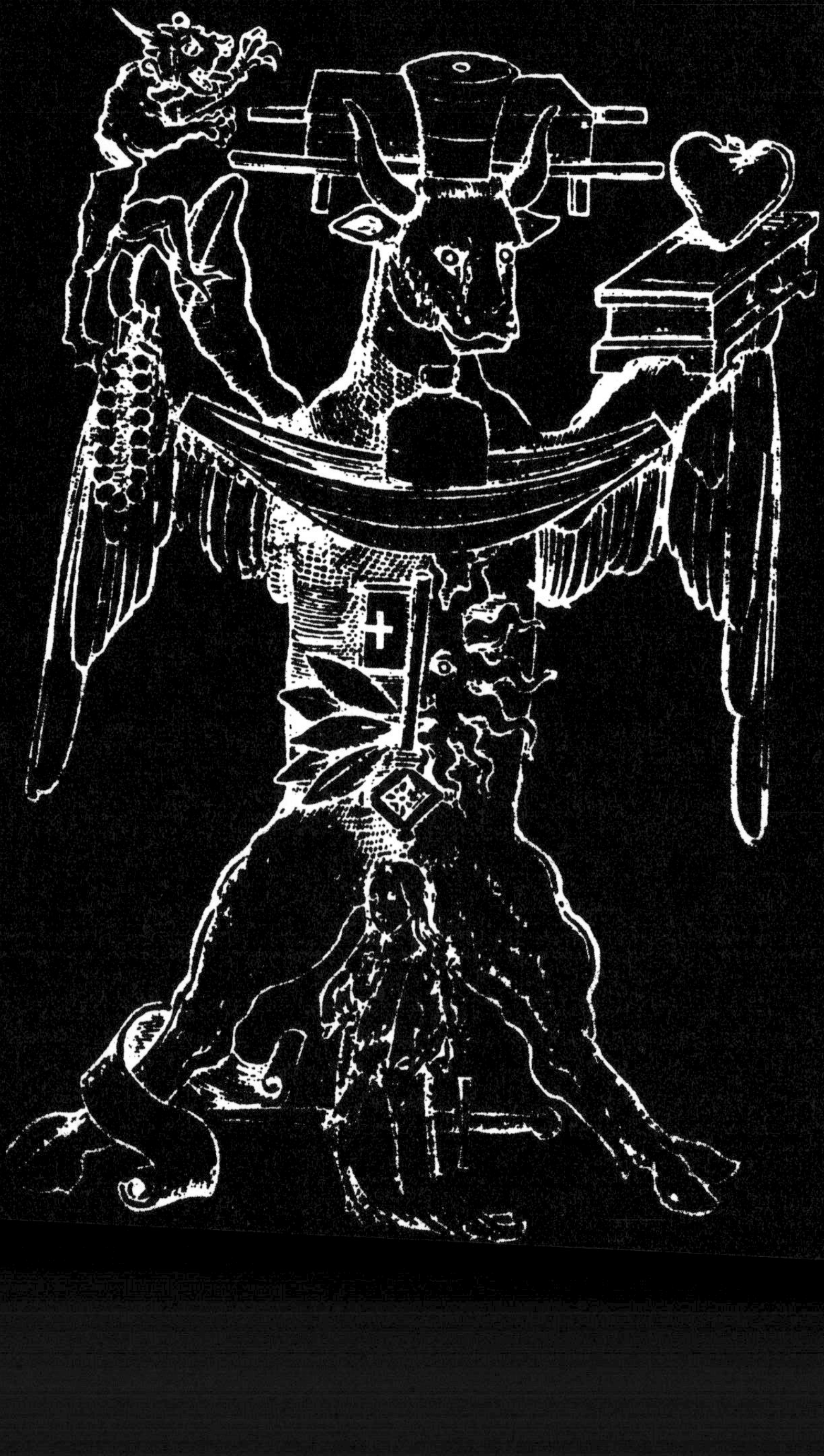

魔女《まじょ》の魔法《まほう》の一つに、呼《よ》び出《だ》した悪魔《あくま》をりんごの中《なか》に入《い》れて、これを人間《にんげん》に食《た》べさせてしまう、というのがある。

このりんごを食《た》べてしまった人《ひと》は、大声《おおごえ》で叫《さけ》びながら床《ゆか》の上《うえ》をのたうちまわり、口《くち》の中《なか》から変《へん》なものを吐《は》き出《だ》したりする。このような人《ひと》を悪魔《あくま》つきというわけだ。

こんな話《はなし》がある。

ある修道女《しゅうどうじょ》が、修道院《しゅうどういん》の菜園《さいえん》からレタスの葉《は》を取《と》って食《た》べた。するとそのレタスの葉《は》には悪魔《あくま》がいたらしく、修道女《しゅうどうじょ》は悪魔《あくま》に取《と》りつかれてしまった。

すぐに悪魔払《あくまばら》いが行《おこ》なわれたが、悪魔《あくま》は、自分《じぶん》は何《なに》もしていないのにこの女《おんな》が勝手《かって》に飲《の》みこんだのだ、と言《い》ってなかなか出《で》ようとしなかった。しかしこのときは、なんとか悪魔《あくま》を追《お》い出《だ》すことができた。

それからしばらくして、修道女全員《しゅうどうじょぜんいん》が悪魔《あくま》に取《と》りつかれた。悪魔《あくま》は、修道女《しゅうどうじょ》たちに、長年《ながねん》おさえられていた情熱《じょうねつ》や欲望《よくぼう》、怒《いか》りなどをめざめさせたのであった。

自分《じぶん》のことがわからなくなるらしい

ざんこくだなあ

悪魔《あくま》払《ばら》い

悪魔を追《お》い払《はら》うためには、いろいろな方法《ほうほう》が用《もち》いられた。とくに中世《ちゅうせい》において流行《りゅうこう》したのは、悪魔《あくま》つきの人間《にんげん》を裸《はだか》にして、全身《ぜんしん》をむちで打《う》って悪魔《あくま》を追《お》い払《はら》う、という方法《ほうほう》である。しかしこれでは、人間《にんげん》のほうがたまったものではない。

もう一つ流行《りゅうこう》した方法《ほうほう》がある。これは、車輪型《しゃりんがた》の道具《どうぐ》に悪魔《あくま》つきの人《にん》間《げん》をしばりつけ、ものすごい速《はや》さでぐるぐると回《まわ》す方法《ほうほう》である。そうすれば、悪魔《あくま》が驚《おどろ》いて逃《に》げ出《だ》す、というわけだが、どちらにしても、人間《にんげん》にとっては酷《こく》な方法《ほうほう》であった。

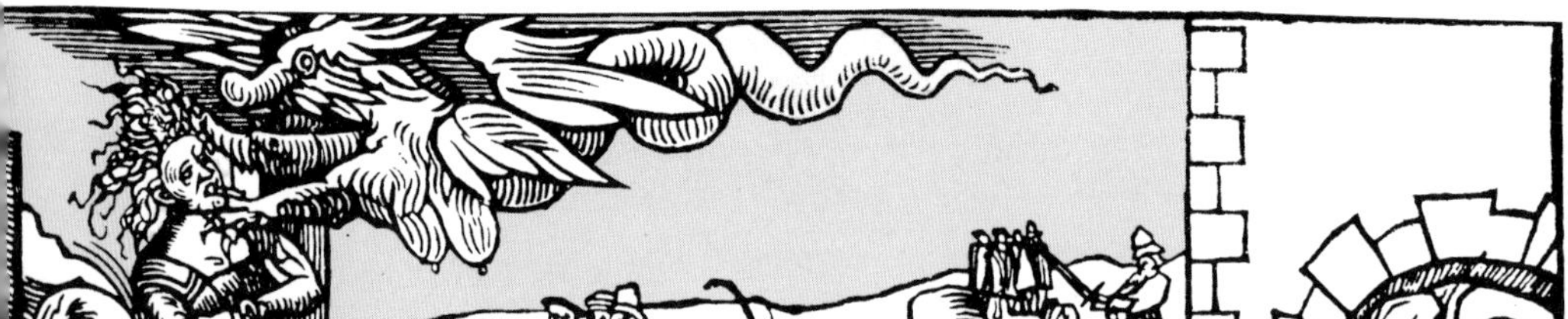

ちょっと
かわいそうだ
エイッ、魔力《まりょく》・
人間救助《にんげんきゅうじょ》！

こんなにひどいことがよくできるね
うーむこれじゃあ人間《にんげん》のほうが悪魔《あくま》みたいだなぁ

田園《でんえん》の悪魔《あくま》

田園《でんえん》の悪魔《あくま》には、角《つの》とひづめ、そしてしっぽがついており、雄牛《おうし》の姿《すがた》になることもある。また、縁《ふち》どりのあるジャケットや、古《ふる》くさいフロッ※クコートを着《き》て現《あら》われることもある。都会《とかい》の悪魔《あくま》は、人間《にんげん》に哲学《てつがく》を教《おし》えたりするが、田園《でんえん》の悪魔《あくま》は、生活《せいかつ》に必要《ひつよう》な助言《じょげん》を与《あた》えたり、お金《かね》をくれたりする。

しかし、悪魔《あくま》からもらったお金《かね》というのは、しばらくたつと、馬糞《ばふん》や灰《はい》になってしまうので、財産《ざいさん》として残《のこ》すわけにはいかない。

※フロックコート＝黒《くろ》ラシャを用《もち》いたスリーピースの衣服《いふく》で、男子《だんし》の昼用《ひるよう》の正式礼服《せいしきれいふく》。

第《だい》5章《しょう》 悪魔《あくま》くん 大活躍《だいかつやく》

第《だい》1話《わ》　ペロリゴン

　悪魔《あくま》くんと父《ちち》が、埋《う》め立《た》て中《ちゅう》の沼《ぬま》のあたりを歩《ある》いていたときだった。父《ちち》が何《なに》かにつまずいて転《ころ》んだ。よく見《み》ると、それは地蔵《じぞう》の首《くび》だった。

　この沼《ぬま》の所有者《しょゆうしゃ》である源田老人《げんだろうじん》は、悪魔《あくま》くんに、こんな話《はなし》をした。

「この沼《ぬま》には、主《ぬし》がいるんじゃ。正体《しょうたい》は知《し》らんが、なんでも恐《おそ》ろしい怪獣《かいじゅう》でな。それを、ある坊《ぼう》さんが、沼《ぬま》の底《そこ》に閉《と》じこめて、護符《ごふ》代《が》わりにこのお地蔵《じぞう》さんを埋《う》めたというんじゃ。言《い》い伝《つた》えは、やっぱりほんとうだったな」

「へーえ、つまり守《まも》り神《がみ》というわけか。でも、こんなにこわれてちゃ、役《やく》に立《た》たないね」

「工事《こうじ》のときにやったにちがいない。まったくえらいことをしてしまった。怪獣《かいじゅう》は、もう動《うご》きはじめているかもしれん」

　源田老人《げんだろうじん》は、怪獣《かいじゅう》の出現《しゅつげん》に備《そな》えて、工事現場《こうじげんば》に小屋《こや》を建《た》てて泊《と》まりこんでいたのだった。

　その日《ひ》の夜《よる》、悪魔《あくま》くんの家《いえ》では、父《ちち》が財布《さいふ》をなくしたと大騒《おおさわ》ぎになった。きっと昼間《ひるま》、沼《ぬま》のそばで転《ころ》んだときに落《お》としたのだろうと、悪魔《あくま》くんが探《さが》しに行《い》くことになった。

　懐中電灯《かいちゅうでんとう》で、あちこち照《て》らしていると、やがて財布《さいふ》が見《み》つかった。と、そのときだった。ザザーッという水《みず》音《おと》がして、沼《ぬま》から何《なに》かが現《あら》われた。

　しかし、それは目《め》に見《み》えない。ただ、木々《きぎ》がメリメリと倒《たお》れ、枝《えだ》がパシッと吹《ふ》っ飛《と》び、草《くさ》が踏《ふ》みにじられるので、それとわかるのだ。

　かと思《おも》うと、こんどは、空中《くうちゅう》にスーッと、大《おお》アリクイの舌《した》のような、長《なが》く黒《くろ》いものがのび、その舌《した》の先《さき》からシューッと液体《えきたい》が噴出《ふんしゅつ》され、液体《えきたい》のかかった電灯《でんとう》はたちまち溶《と》けてしまった。

液体《えきたい》は、怪獣《かいじゅう》の消化液《しょうかえき》だった。こんなものをかけられたらたいへんだと、必死《ひっし》で逃《に》げる悪魔《あくま》くんの足元《あしもと》で、ガラガランと音《おと》をたてて、バケツが転《ころ》がった。バケツの中《なか》には、ペンキが入《はい》っていた。悪魔《あくま》くんは、そのバケツをとっさに投《な》げつけた。

すると、どうだろう。何《なに》もない空《くう》間《かん》にボタッとペンキがつき、たちまち怪獣《かいじゅう》の顔《かお》が現《あら》われた。グワッと口《くち》を開《あ》けて、じわじわと悪魔《あくま》くんにせまってくる。

しかし、その目《め》にペンキがポタリと垂《た》れた。怪獣《かいじゅう》は、首《くび》をふったり、顔《かお》を木《き》にこすりつけたりして、ぬぐおうとしたが、どうにもならず、やがて沼《ぬま》へと戻《もど》って行《い》ってしまった。どうやら、ペンキを落《お》として出直《でなお》すつもりらしい。

このすきに、悪魔《あくま》くんは、メフィストを呼《よ》びに魔法陣《まほうじん》へと走《はし》って行《い》った。

状況《じょうきょう》を説明《せつめい》すると、メフィストは言《い》った。

「そいつぁ、まちがいなくペロリゴンだ」

妖怪《ようかい》一の食《く》いしん坊《ぼう》で、そのよだれは、石《いし》でも鉄《てつ》でも溶《と》かしてしまうという。

二人《ふたり》は、空《そら》を飛《と》び、工事現場《こうじげんば》へ急《いそ》いだが、このとき、ちょうど、なかなか帰《かえ》って来《こ》ない悪魔《あくま》くんを心配《しんぱい》した父《ちち》が、沼《ぬま》のあたりを探《さが》しに来《き》ていて、ペロリゴンに出《で》くわしてしまっていた。源田老人《げんだろうじん》もいっしょである。

う、うわっ
た、た
たすけて
くれ——っ

二人《ふたり》の目《め》の前《まえ》で、犬《いぬ》が一匹《びき》、いきなり奇妙《きみょう》な液体《えきたい》をかけられたかと思《おも》うと、どろどろに溶《と》けてしまった。

二人《ふたり》は、うわーっと転《ころ》がるように逃《に》げだしたが、父《ちち》は長《なが》い舌《した》に巻《ま》かれて投《な》げ飛《と》ばされ、立《た》ち木《き》にぶつかって気絶《きぜつ》した。そこへ、ペロリゴンの舌《した》がのびる。ポトリと垂《た》れる消化液《しょうかえき》。

そのとき、

「待《ま》てーっ！」

と、悪魔《あくま》くんの声《こえ》。間一髪《かんいっぱつ》、セーフ。

ペロリゴンは、驚《おどろ》いたように舌《した》を引《ひ》っこめてしまった。

「やい、ペロリゴン。ぼくたちが来《き》たからには、もうおしまいだぞ」

メフィストは、魔力《まりょく》で黒《くろ》い雨《あめ》を降《ふ》らせ、それでペロリゴンのからだを見《み》えるようにした。次《つぎ》に、杖《つえ》の先端《せんたん》から炎《ほのお》を噴《ふ》き出《だ》したが、ペロリゴンは、その炎《ほのお》をまるでそうめんのようにスルスルとすすりこんでしまった。

こりゃあいけないと、メフィストは、こんどは、

「エイッ、魔力《まりょく》・岩石落《がんせきお》とし！」

と、杖《つえ》をふった。すると、天《てん》の一角《いっかく》からすさまじい勢《いきお》いで巨石《きょせき》が降《ふ》り、ペロリゴンは下敷《したじ》きになってしまった。が、しっぽでそれを必死《ひっし》にはね上《あ》げ、吹《ふ》っ飛《と》んだところを舌《した》でたたき、粉々《こなごな》になった岩《いわ》は、逆《ぎゃく》にメフィストのほうへ降《ふ》ってきた。

メフィストがひるむと、そこを目《め》がけて長《なが》い舌《した》がのび、危《あぶ》ない、とうとうペロリゴンに飲《の》みこまれてしまった。

まるでエレベーターのように、二人《ふたり》のからだは、ペロリゴンの食道《しょくどう》を降《お》りていき、やがて、胃袋《いぶくろ》らしいところに墜落《ついらく》した。

「エイッ、魔力《まりょく》・ガン細胞《さいぼう》！」

メフィストが、杖《つえ》の先《さき》を胃壁《いへき》に当《あ》てると、不気味《ぶきみ》な水泡《すいほう》がふくれあがり、その胃壁《いへき》からスプリンクラーのように消化液《しょうかえき》が噴《ふ》き出《だ》したが、それが杖《つえ》にかかると、杖《つえ》はふにゃりと曲《ま》がってしまった。これではやぶ蛇《へび》だ。

メフィストは、マントを広《ひろ》げると、悪魔《あくま》くんとともにくるまり、一《いち》か八《ばち》かの脱出《だっしゅつ》にかけた。杖《つえ》をドリルに変《か》えると、胃《い》に穴《あな》をあけ、どっとあふれ出《だ》す消化液《しょうかえき》の滝《たき》の中《なか》を、マントは全速力《ぜんそくりょく》でつきぬけていった。

脱出成功《だっしゅつせいこう》。しかし、ペロリゴンはもうぜんとあとを追《お》いかけてくる。口《くち》から消化液《しょうかえき》を流《なが》しながら——。

ところが、ペロリゴン自《みずか》ら、しだいに溶《と》けだし、やがて、すっかり形《かたち》をなくしてしまった。胃袋《いぶくろ》に穴《あな》をあけられたために、消化液《しょうかえき》が自分《じぶん》のからだにまわってしまったのだ。

怪物《かいぶつ》は去《さ》り、沼《ぬま》のあとには、公園《こうえん》ができた。

おーい
しっかり
するんだ
悪魔《あくま》くんを
呼《よ》んでくる
からな

第《だい》2話《わ》
化《ば》けぐも

悪魔《あくま》くんとメフィストは、化《ば》けぐもが出現《しゅつげん》するという山間《さんかん》にやって来《き》た。だが、この妖怪《ようかい》は変幻自在《へんげんじざい》で、二人《ふたり》は退治《たいじ》に手《て》こずった。

そのうち、化《ば》けぐもは、とつぜん巨大化《きょだいか》したかと思《おも》うと、上昇《じょうしょう》し、旅《りょ》客機《かくき》に飛《と》び乗《の》った。やがて、空港《くうこう》はこの化《ば》けぐもに占拠《せんきょ》されてしまった。だが、妖怪《ようかい》の弱点《じゃくてん》は電気《でんき》であると見《み》ぬいた悪魔《あくま》くんは、メフィストの魔力《まりょく》でいなずまを起《お》こさせ、落雷《らくらい》によって、ついに、化《ば》けぐもを倒《たお》すことに成功《せいこう》した。

エロイム
エッサイム
エロイム
エッサイム
われは求《もと》
訴《うった》えたり

第《だい》3話《わ》　バラモン

鈴木少年《すずきしょうねん》は、ふとしたことから『魔法大全集《まほうだいぜんしゅう》』を手《て》に入《い》れた。それには、悪魔《あくま》を呼《よ》び出《だ》す方法《ほうほう》と、魔法陣《まほうじん》の描《えが》きかたが記《しる》されている。

ある夜《よ》、少年《しょうねん》はこっそり家《いえ》をぬけ出《だ》すと、廃工場《はいこうじょう》に出《で》かけて行《い》って、床《ゆか》に魔法陣《まほうじん》を記《しる》し、それから本《ほん》を片手《かたて》に、おもむろに呪文《じゅもん》を唱《とな》えはじめた。

「エロイム、エッサイム。エロイム、エッサイム。われは求《もと》め訴《うった》えたり」

すると、夜空《よぞら》にピカッといなずまが走《はし》り、雷鳴《らいめい》がとどろくと同時《どうじ》に、不気味《ぶきみ》な地鳴《じな》りが起《お》こって、魔法陣《まほうじん》の中心《ちゅうしん》から白煙《はくえん》が噴出《ふんしゅつ》した。少年《しょうねん》は思《おも》わず頭《あたま》を抱《かか》えて、床《ゆか》にうずくまった。やがて、地鳴《じな》りがやんで、静《しず》かになると、こんどは、人《ひと》の気配《けはい》がした。

「小僧《こぞう》。よくも、おれさまを呼《よ》び出《だ》してくれたな」

「あっ、悪魔《あくま》さん。ど、どこから来《き》たんです!?」

「おれは、メフィストによって三百《びゃく》年《ねん》もの間《あいだ》、地獄《じごく》の釜《かま》の中《なか》に閉《と》じこめられていた。しかし、魔法陣《まほうじん》から呼《よ》び出《だ》されたとあっては、もう、地獄《じごく》のだれであろうと、手出《てだ》しはできん。さあ、思《おも》う存分暴《ぞんぶんあば》れまわってやるぞ。フフフフフ……」

「待《ま》ってくれ。あんたは、ぼくの命《めい》令《れい》に従《したが》うはずだ。この本《ほん》には、ちゃんとそう書《か》いてある」

「そう書《か》かないと、だれもおれを呼《よ》び出《だ》さないからだ。おれは、妖術師《ようじゅつし》バラモンさまだぞ。だが、まあいい。呼《よ》び出《だ》してくれた礼《れい》に、おまえの願《ねが》いを聞《き》いてやってもいいだろう」

鈴木少年《すずきしょうねん》は、目《め》をかがやかせた。

翌朝《よくあさ》、少年《しょうねん》は、わざと宿題《しゅくだい》をしないで登校《とうこう》した。そして、そのことを先生《せんせい》から注意《ちゅうい》されると、

「ぼくは、もう、勉強《べんきょう》なんかしなくたって、何《なん》だってできるんです。さあ、バラモン」

と叫《さけ》んだ。すると、少年《しょうねん》の机《つくえ》の下《した》からバラモンがヌッと現《あら》われて、杖《つえ》をふり、言《い》った。

「バラモン妖術《ようじゅつ》・神《かみ》かくし!」

杖《つえ》の先端《せんたん》から光線《こうせん》が出《で》ると、これを浴《あ》びた先生《せんせい》の姿《すがた》はたちまち消《き》えてしまい、あぜんとする級友《きゅうゆう》に向《む》かって、鈴木少年《すずきしょうねん》は、こう叫《さけ》んだ。

「ぼくの言《い》うことを聞《き》かないと、こうするぞ」

おびえて逃《に》げだそうとする生徒《せいと》たちに、バラモンは、こんどは口《くち》から霧《きり》を吹《ふ》きつけた。すると、生徒《せいと》も先《せん》生《せい》と同《おな》じように、姿《すがた》を消《け》されてしまった。

少年《しょうねん》は、そのまま家《いえ》に帰《かえ》ると、『魔《ま》法大全集《ほうだいぜんしゅう》』を読《よ》みふけっていた。すると、

「勉強《べんきょう》しなさい!」

と、母親《ははおや》がしかった。

ねえ、メフィスト
妖怪《ようかい》バラモンが
暴《あば》れまわっているんだ
どうにかしてくれよ
きょう、おれは
きげんが悪《わる》いんだ
チョコレートを二枚《まい》
くれなきゃいやだね

「うるさいなあ。母《かあ》さんなんか消《き》えちまえ！」

とたんに、母《はは》の姿《すがた》が消《き》え、少年《しょうねん》はさすがに驚《おどろ》いた。バラモンに母《はは》を返《かえ》してくれるように訴《うった》えたが、バラモンは聞《き》く耳《みみ》をもたない。そこで少年《しょうねん》は、となりのクラスの悪魔《あくま》くんに、助《たす》けを求《もと》めた。

「わかった。メフィストと行《い》くよ」

悪魔《あくま》くんは、洞穴《どうけつ》の魔法陣《まほうじん》に走《はし》って行《い》った。おそらく敵《てき》は、例《れい》の廃工《はいこう》場《じょう》に隠《かく》れているにちがいない。

二人《ふたり》がそこに到着《とうちゃく》すると、床《ゆか》の魔《ま》法陣《ほうじん》は、まだ消《き》えずに残《のこ》っていた。これを破壊《はかい》しようとしたメフィストの背後《はいご》で、声《こえ》がした。

「ついに来《き》たな、メフィスト」

バラモンが、柱《はしら》のかげから姿《すがた》を現《あら》わした。

「やい！　いつ、釜《かま》の中《なか》から出《で》て来《き》やがった!?」

「驚《おどろ》いたか。こんどは、おれが礼《れい》をする番《ばん》だ」

と、バラモンは、ソロモンの笛《ふえ》をちらつかせた。ハッとした悪魔《あくま》くんが、ポケットを探《さぐ》ると、笛《ふえ》がない。いつのまに取《と》られたのだろうか。

「フフフッ。これさえあれば、こっちのものよ。メフィスト、おまえもいよいよ最期《さいご》だな」

バラモンは、そう言《い》うと、ゆっくりと笛《ふえ》を口《くち》に当《あ》てた。メフィストはあわてた。

「お、おい。じょうだんはやめろ。ひ、ひきょうだぞ」

しかし、バラモンは、静《しず》かに鳴《な》らしはじめた。

「ひゃあ〜。く、苦《くる》しい。助《たす》けてくれえ」

メフィストは七転八倒《しってんばっとう》。喜《よろこ》ぶバラモンは、

「それそれ、もっと苦《くる》しめ」

と、なおも鳴《な》らし続《つづ》ける。これではメフィストは、ほんとうに死《し》んでしまう。

そこで悪魔《あくま》くんは、思《おも》い切《き》って、バラモンに体当《たいあ》たりしていった。と、そのひょうしに、ソロモンの笛《ふえ》がぽろっと落《お》ちた。

「メフィスト、いまだ！」

メフィストは、最後《さいご》の力《ちから》をふりしぼり、

「エ、エイッ、魔力《まりょく》・地獄《じごく》の釜《かま》！」

と、シルクハットを投《な》げた。と、シルクハットは、バラモンの頭《あたま》に落《お》ちる瞬間《しゅんかん》に大《おお》きな釜《かま》に変《か》わり、バラモンを封《ふう》じこめ、地面《じめん》に沈《しず》んだ。同時《どうじ》に、魔法陣《まほうじん》は消《き》えだし、その中《なか》からこんどは、消《き》えた先生《せんせい》と生徒《せいと》たちが、ぞろぞろと出《で》てきた。

うーむ
どうやって、退治《たいじ》したらよいやら…

第《だい》4話《わ》 ミイラ男《おとこ》

田島《たじま》教授《きょうじゅ》がエジプトから持《も》ち帰《かえ》ったミイラが、とつぜんよみがえり、子《こ》どもたちを、次々《つぎつぎ》とどこかへ連《つ》れ去《さ》った。

事件解明《じけんかいめい》のために、急《いそ》いでエジプトのピラミッドへ飛《と》んだ悪魔《あくま》くんとメフィストは、そこで、連《つ》れ去《さ》られた子《こ》どもたちを石《いし》の壁画《へきが》の中《なか》に発見《はっけん》した。

ぼうぜんとする二人《ふたり》の前《まえ》に、ミイラが出現《しゅつげん》し、二人《ふたり》も危《あや》うく壁画《へきが》にされかかるが、古代文字《こだいもじ》を解読《かいどく》した悪《あく》魔《ま》くんは、ミイラが太陽《たいよう》の光《ひかり》に弱《よわ》いことを知《し》り、メフィストの魔力《まりょく》で、ピラミッドの中《なか》に太陽《たいよう》の光《ひかり》をさしこませた。

ね、ねえ メフィスト 逃《に》げないでよ 子《こ》どもたちを 助《たす》けて あげてよー
うひゃー そんなこと 言《い》ったって おれだって こわいときは こわいんだ

第《だい》5話《わ》 水《みず》妖《よう》怪《かい》

ひょうたん池《いけ》に妖怪《ようかい》が出《で》た、という話《はなし》を、健太《けんた》は父《ちち》から聞《き》いた。なんでも、つりをしていたら、ザザザと水面《すいめん》がもり上《あ》がって、一枚《まい》の戸板《といた》が浮《う》き上《あ》がり、その上《うえ》に乗《の》っていた、水死体《すいしたい》のような化《ば》け物《もの》が、健太《けんた》の父《ちち》をにらみつけたのだという。あわてて、つんのめるように逃《に》げ去《さ》る父《ちち》の背後《はいご》に、イヒヒヒという気味《きみ》の悪《わる》い笑《わら》い声《ごえ》までひびいたそうだ。

遊園地《ゆうえんち》では、健太《けんた》を取《と》り囲《かこ》んで、悪魔《あくま》くん、情報屋《じょうほうや》、貧太《ひんた》が、この話《はなし》を聞《き》いていた。

「ようし、ぼく、メフィストを呼《よ》んでくる」

悪魔《あくま》くんは、話《はなし》が終《お》わると、すぐに駆《か》けだした。残《のこ》った三人《にん》は、相談《そうだん》をして、悪魔《あくま》くんたちが戻《もど》る前《まえ》に自《じ》分《ぶん》たちだけで妖怪《ようかい》を退治《たいじ》してやろうと、ひょうたん池《いけ》に先《さき》まわりした。

三人《にん》は、一そうのボートをこぎだして、長《なが》いさおで底《そこ》を探《さぐ》った。

「うそだよ。化《ば》け物《もの》なんかいないいじゃないか」

と、健太《けんた》が言《い》う。

「ねえ、もう帰《かえ》ろうよ」

と、貧太《ひんた》も心細《こころぼそ》げに言《い》った。と、三人《にん》の背後《はいご》に、あやしげなあわがブクッ、ブクッと浮《う》いて、それとともに、情報屋《じょうほうや》が手《て》にしていたさおが、とつぜん動《うご》かなくなってしまった。あっ、と思《おも》った瞬間《しゅんかん》、水草《みずくさ》のからまった妖《よう》怪《かい》がニューッと出現《しゅつげん》し、三人《にん》に襲《おそい》かかってきた。万事休《ばんじきゅう》す。

そのとき、白煙《はくえん》とともに悪魔《あくま》くんとメフィストが岸《きし》に到着《とうちゃく》した。

「メフィスト、三人《にん》を助《たす》けるんだ」

「よしきた。エイッ、魔力《まりょく》・手裏剣《しゅりけん》！」

メフィストは、妖怪《ようかい》の手元《てもと》にシュッ、シュッと手裏剣《しゅりけん》を投《な》げつけた。

一瞬《いっしゅん》ひるむ妖怪《ようかい》に、

「続《つづ》いて、魔力《まりょく》・クレーン車《しゃ》！」

メフィスト こわがらないで はやく 退治《たいじ》してよ
フフフフ おれさまに こわいもの なんて あるものか

すると、巨大《きょだい》なクレーン車《しゃ》が出現《しゅつげん》し、グーンと爪《つめ》が降《お》りて、ボートをつかみ、三人《にん》は無事《ぶじ》に向《む》こう岸《ぎし》に降《お》り立《た》つことができた。

妖怪《ようかい》は、一たん水《みず》の中《なか》に引《ひ》き戻《もど》ったようであった。メフィストは、桟《さん》橋《ばし》に立《た》って、

「やい、化《ば》け物《もの》、出《で》て来《こ》い！」

と、床《ゆか》を踏《ふ》み鳴《な》らして、どなった。とたんに、メリッと床板《ゆかいた》に穴《あな》があいて、メフィストの足《あし》は、池《いけ》の中《なか》へ落《お》ちた。そこへ、水《みず》の中《なか》からニューッと妖怪《ようかい》の手《て》が出《で》て、メフィストは足《あし》をつかまれてしまった。

「ウヒャー、出《で》たあ。こ、氷《こおり》みてえな手《て》をしてやがる。おい、早《はや》くなんとかしてくれェ」

「なんとかしてくれったって……」

と、悪魔《あくま》くんは考《かんが》えたが、ふと気《き》づいて、

「メフィスト、火《ひ》を出《だ》すんだ。氷《こおり》みたいな妖怪《ようかい》なら、火《ひ》がきらいかもしれないよ」

「よし、魔力《まりょく》・ファイア・ストーム！」

杖《つえ》の先《さき》から炎《ほのお》が吹《ふ》き出《で》ると、妖怪《ようかい》は悲鳴《ひめい》をあげて、再《ふたた》び水《みず》の中《なか》へと逃《に》げた。

池《いけ》は、しばらくしーんとしていた。

しかし、桟橋《さんばし》の上《うえ》には、妖水《ようすい》がじわじわとしのび寄《よ》っていた。メフィス

あれが妖水《ようすい》だね
あの妖水《ようすい》の中《なか》に落《お》ちたらひとたまりもない

トが、ハッ、とこれに気《き》づき、

「エイッ、魔力《まりょく》・ファイア・ストーム！」

と、もう一度《ど》、杖《つえ》の先《さき》から炎《ほのお》を吹《ふ》き出《だ》したが、敵《てき》はこんどは、それ以上《いじょう》のすさまじい水《みず》を吹《ふ》きつけ、あっさりと炎《ほのお》を消《け》してしまった。あわててメフィストは悪魔《あくま》くんを抱《だ》きかかえ、ヤッと飛《と》び上《あ》がった。が、二人《ふたり》は、ドサッと落《お》ちてしまった。

「おまえのマントに妖水《ようすい》がついているのさ」

妖怪《ようかい》はそう言《い》うと、イヒヒヒ、と笑《わら》った。

「こいつぁ、まいった。おい、どうする？」

メフィストは、悪魔《あくま》くんの知恵《ちえ》にたよった。

あぶなかった…

「そうだ。池《いけ》の水《みず》を干《ほ》してしまうんだよ」

「そりゃあいい。エイッ、魔力《まりょく》・干《かん》ばつ！」

メフィストが杖《つえ》をふると、池《いけ》の水《みず》はたちまち棒《ぼう》のようになって、上空《じょうくう》へ上《のぼ》った。続《つづ》いて、

「エイッ、魔力《まりょく》・ドラムかん！」

と、とつぜんドラムかんが出現《しゅつげん》し、ゴロゴロッと池《いけ》へ向《む》かって転《ころ》がりだした。

「こんどは、魔力《まりょく》・マシンガン！」

メフィストは、マシンガンを抱《かか》えると、ドラムかんをめがけて、ダダダダダッと撃《う》った。すると、ドラムかんは、次々《つぎつぎ》に爆発《ばくはつ》し、すさまじい炎《ほのお》をあげて燃《も》えだした。

妖怪《ようかい》は、必死《ひっし》に逃《のが》れようとするが、しかし、この大火《たいか》からは逃《のが》れきることはできない。燃《も》えさかる炎《ほのお》に包《つつ》まれて、やがて、跡《あと》かたもなく燃《も》えつきてしまった。

沼《ぬま》や池《いけ》を
人間《にんげん》が汚《よご》すから
こんな妖怪《ようかい》が
現《あら》われるんだ
エイッ、魔力《まりょく》・
どぶさらい！

第6話《わ》 ジュラタン

日本《にほん》アルプスで、大雪崩《おおなだれ》が起《お》こった。ジュラ紀《き》の化石人《かせきじん》が復活《ふっかつ》したためであった。永《なが》い眠《ねむ》りからさめた彼《かれ》らは、再《ふたた》び地上《ちじょう》を支配《しはい》しようとして、行動《こうどう》を開始《かいし》し、まず、東京《とうきょう》の藤波博士《ふじなみはかせ》邸《てい》へと向《む》かった。

そこには、彼《かれ》らの女王《じょおう》の化石《かせき》が運《はこ》ばれていたからである。これを取《と》り戻《もど》そうとする化石人《かせきじん》。そうはさせまいとするメフィスト。両者《りょうしゃ》のあいだに死闘《しとう》がくり広《ひろ》げられるが、よみがえった女王《じょおう》は、博士《はかせ》の孫娘《まごむすめ》を日本《にほん》アルプスへと連《つ》れ去《さ》ってしまった。

メフィストの魔力《まりょく》が、女王《じょおう》に通《つう》じるだろうか?

第《だい》7話《わ》
化《ば》けがらす
くち果《は》てし大気《たいき》の精霊《せいれい》よ万人《ばんにん》の名《な》のもとに行《おこ》なう、わが要求《ようきゅう》に答《こた》えよジェット旅客機《りょかくき》が、とつぜん、空《くう》中《ちゅう》分解《ぶんかい》する、という事故《じこ》が起《お》きた。不審《ふしん》に思《おも》った悪魔《あくま》くんが、原因《げんいん》を探《さぐ》ろうとしたやさきに、こんどは、宇《う》宙《ちゅう》船《せん》が軌道《きどう》をはずれて粉々《こなごな》に砕《くだ》けるという事故《じこ》が起《お》こった。

悪魔《あくま》くんが※水鏡《みずかがみ》をのぞくと、最新《さいしん》鋭《えい》のジェット戦闘機《せんとうき》が映《うつ》った。と、向《む》こうから不気味《ぶきみ》な声《こえ》をあげて飛《と》んでくるものがある。化《ば》けがらすだ。化《ば》けがらすは、するどい爪《つめ》で戦闘機《せんとうき》をつかむと、バリバリと食《た》べてしまった。

「やっぱり妖怪《ようかい》のしわざだったんだ」

悪魔《あくま》くんは魔法陣《まほうじん》の中《なか》に立《た》ち、早《さっ》速呪文《そくじゅもん》を唱《とな》えた。

「エロイム、エッサイム。われは求《もと》め訴《うった》えたり」

ぐるぐると魔法陣《まほうじん》が回《まわ》りだし、すさまじい地鳴《じなり》とともに煙《けむり》がたち上《のぼ》った。

「くち果《は》てし大気《たいき》の精霊《せいれい》よ。万人《ばんにん》の名《な》のもとに行《おこ》なうわが要求《ようきゅう》に答《こた》えよ。

エロイム、エッサイム」

魔法陣《まほうじん》の中《なか》から、ようやくメフィストが現《あら》われた。メフィストは不機《ふき》嫌《げん》で、なかなか動《うご》こうとしなかったが、悪魔《あくま》くんから好物《こうぶつ》のチョコレートを受《う》け取《と》ると、早速仕事《さっそくしごと》に乗《の》り出《だ》した。

※水鏡《みずかがみ》＝水面《すいめん》に自分《じぶん》の姿《すがた》などを映《うつ》すこと。

あーあ
こんどは
化《ば》けがらす
かあ‥
ねえ、メフィスト
おいしいチョコレート
あげるからさぁ

軽飛行機《けいひこうき》

悪魔《あくま》くん、メフィスト、情報屋《じょうほうや》の三人《にん》は、まずは敵《てき》の出《で》かたをうかがうために、軽飛行機《けいひこうき》で晴《は》れわたった大空《おおぞら》を飛行《ひこう》した。

やがて、前方《ぜんぽう》にポツンと黒雲《くろくも》が現《あら》われた。と、見《み》る見《み》るうちに、大《おお》きな入道雲《にゅうどうぐも》になった。軽飛行機《けいひこうき》が方向《ほうこう》転換《てんかん》すると、その方向《ほうこう》へも入道雲《にゅうどうぐも》が発生《はっせい》し、軽飛行機《けいひこうき》はたちまち雲《くも》の中《なか》に閉《と》じこめられてしまった。

そのうち、ゴー、ゴロゴロという雷《かみなり》とともに、ひょうが降《ふ》りだし、前《ぜん》方《ぽう》の雲《くも》の中《なか》から、二つの大《おお》きな目《め》が現《あら》われた。

『化《ば》けがらすだ！』

と気《き》づいたときにはすでに遅《おそ》く、軽《けい》飛行機《ひこうき》は、化《ば》けがらすの巨大《きょだい》な羽《はね》の一撃《いちげき》をくらい、まっさかさまに落《お》ちていった。

「エイッ！魔力《まりょく》・宙《ちゅう》づり！」

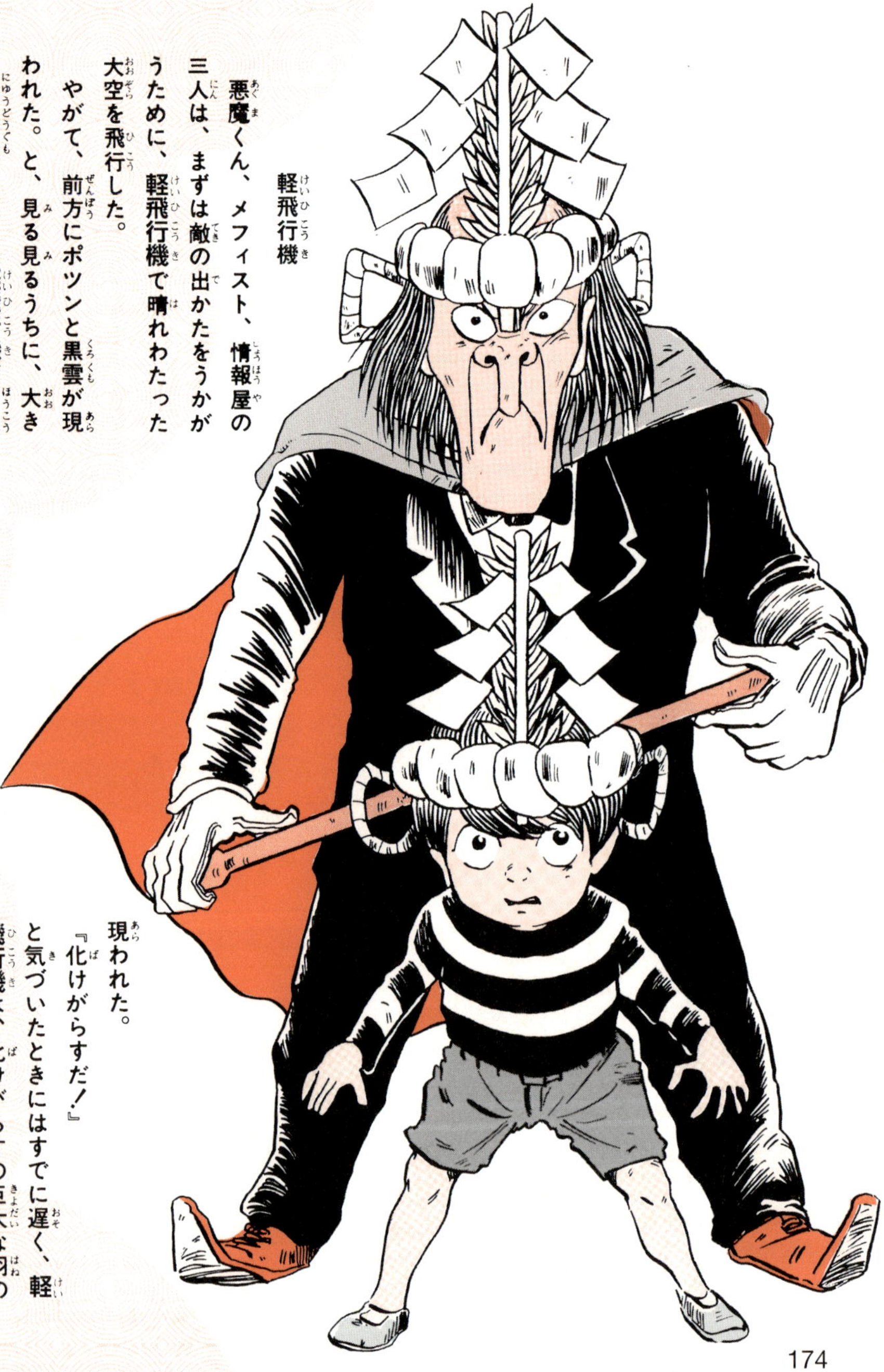

メフィストがマントを投《な》げると、それが軽飛行機《けいひこうき》の翼《つばさ》に引《ひ》っかかり、パラシュートになった。軽飛行機《けいひこうき》は、危機一髪《ききいっぱつ》のところで難《なん》を逃《のが》れ、やがて、ある無人島《むじんとう》に着陸《ちゃくりく》した。

翌日《よくじつ》、メフィストが軽飛行機《けいひこうき》を修理《しゅうり》しているあいだ、悪魔《あくま》くんと情報屋《じょうほうや》は、島《しま》を探検《たんけん》しに出《で》かけた。大木《たいぼく》のしげみを通《とお》りぬけたとき、二人《ふたり》は、大《おお》きな鳥《とり》の足跡《あしあと》を発見《はっけん》した。その足跡《あしあと》をたどっていくと、険《けわ》しいがけの上《うえ》に出《で》た。

「あ、化《ば》けがらすだ！」

飛行機《ひこうき》の残骸《ざん》がいでできた巣《す》の上《うえ》に、頭《あたま》はからす、からだは人間《にんげん》、という妖怪《ようかい》が立《た》っていた。化《ば》けがらすの正体《しょうたい》は鳥人《うじん》だったのだ。鳥人《うじん》とは、三百年《びゃくねん》生《い》きたからすが変身《へんしん》の術《じゅつ》を覚《おぼ》え、さらに三百年《びゃくねん》生《い》きて念力《ねんりき》が使《つか》えるようになった妖怪《ようかい》である。

二人《ふたり》は急《いそ》いで戻《もど》ると、メフィストとともに軽飛行機《けいひこうき》に乗《の》りこみ、再《ふたた》び化《ば》けがらすの巣《す》に向《む》かった。と、とつぜん、後《うし》ろから化《ば》けがらすが現《あら》われて、軽飛行機《けいひこうき》に襲《おそ》いかかった。くちばしでつつかれ、羽《はね》でたたかれ、いまや軽飛行機《けいひこうき》は墜落寸前《ついらくすんぜん》だった。

「エイッ、魔力《まりょく》・絶対零度《ぜったいれいど》！」

メフィストが杖《つえ》をかざすと、猛吹雪《もうふぶき》が起《お》こり、化《ば》けがらすはたちまち凍《こお》りついてしまった。そして火山《かざん》の噴火口《ふんかこう》に急降下《きゅうこうか》したかと思《おも》うと、ドドーンと爆発音《ばくはつおん》が起《お》こり、化《ば》けがらすのからだは大空《おおぞら》に散《ち》った。

鳥《とり》を撃《う》ち
殺《ころ》す人《ひと》が
いるから
いけない
んだゾ
ぼく
そんなこと
したこと
ないよ――

第《だい》8話《わ》 シバの大魔神《だいまじん》

シバの神殿《しんでん》に立《た》ち入《い》った探検家《たんけんか》たちが、一年後《ねんご》、次々《つぎつぎ》と奇怪《きかい》な死《し》をとげた。

どうもおかしい、とにらんだ悪魔《あくま》くんは、メフィストとともに、早速《さっそく》シバの神殿《しんでん》へと向《む》かった。

すると、そこで二人《ふたり》を待《ま》ち受《う》けていたのは、ザンバ、守護神《しゅごじん》ボルガ、そして大魔神《だいまじん》であった。

三人《にん》の命《いのち》を取《と》り戻《もど》すために、メフィストは、やむをえず、シバの神殿《しんでん》で魔術《まじゅつ》を使《つか》ってはいけないという掟《おきて》を破《やぶ》ってしまい、地獄警察《じごくけいさつ》に逮捕《たいほ》されることになった。

シバの神殿《しんでん》で、魔術《まじゅつ》を使《つか》うと、むちで千回《せんかい》たたかれたうえに、なんと罰金《ばっきん》を一億円《おくえん》もとられてしまうんだぜ

でも三人《さんにん》の命《いのち》を取《と》りもどすことができてほんとうによかったよ

第《だい》9話《わ》 ドクロン

あけぼの遊園地《ゆうえんち》に、世紀《せいき》の大魔術《だいまじゅつ》がやってきた。なんでも、地獄《じごく》を見《み》せてくれるというのである。

情報屋《じょうほうや》や貧太《ひんた》、それに同《おな》じクラスの紅子《べにこ》ら大勢《おおぜい》の子《こ》どもたちが見守《みまも》る中《なか》で、まず最初《さいしょ》に、悪魔《あくま》くんがピエロについて行《い》った。

ピエロが開《あ》けた舞台《ぶたい》の奥《おく》のとびらの中《なか》は、暗《くら》く、お化《ば》け屋敷《やしき》に似《に》ていて、まるで死《し》の世界《せかい》の入《い》り口《ぐち》のようであった。闇《やみ》の中《なか》には不気味《ぶきみ》なかざり物《もの》や人形《にんぎょう》が浮《う》かび、死臭《ししゅう》がただよっているようだ。

この不思議《ふしぎ》な部屋《へや》に続《つづ》いて入《はい》っていったのは、壁《かべ》じゅうが鏡《かがみ》になっているという鏡《かがみ》の間《ま》で、悪魔《あくま》くんは、鏡《かがみ》につき当《あた》ったり戻《もど》ったりしながら、進《すす》んでいった。すると、とつぜん、鏡《かがみ》に白《しろ》い物体《ぶったい》がボーッと浮《う》かび上《あ》がり、それがゆらゆらと近《ちか》づいて、悪《あく》魔《ま》くんは、ハッとした。

「ハハ、驚《おどろ》いたかね？」

「驚《おどろ》くもんか。へっちゃらだい」

するとピエロは、とつぜん、悪魔《あくま》くんをドンとおし、

「この向《む》こうに地獄《じごく》がある。行《い》け、地獄《じごく》へ！」

と言《い》うと、鏡《かがみ》の向《む》こうにつき飛《と》ばした。あーっと叫《さけ》びながら落下《らっか》していく悪魔《あくま》くん。

「フフフ、わなにはまって地獄《じごく》に落《お》ちろ」

ピエロは、実《じつ》は妖怪《ようかい》ドクロンだったのだ。

落下《らっか》した悪魔《あくま》くんは、万物《ばんぶつ》が枯《か》れて、荒《あ》れ果《は》てたところを歩《ある》いて行《い》っ

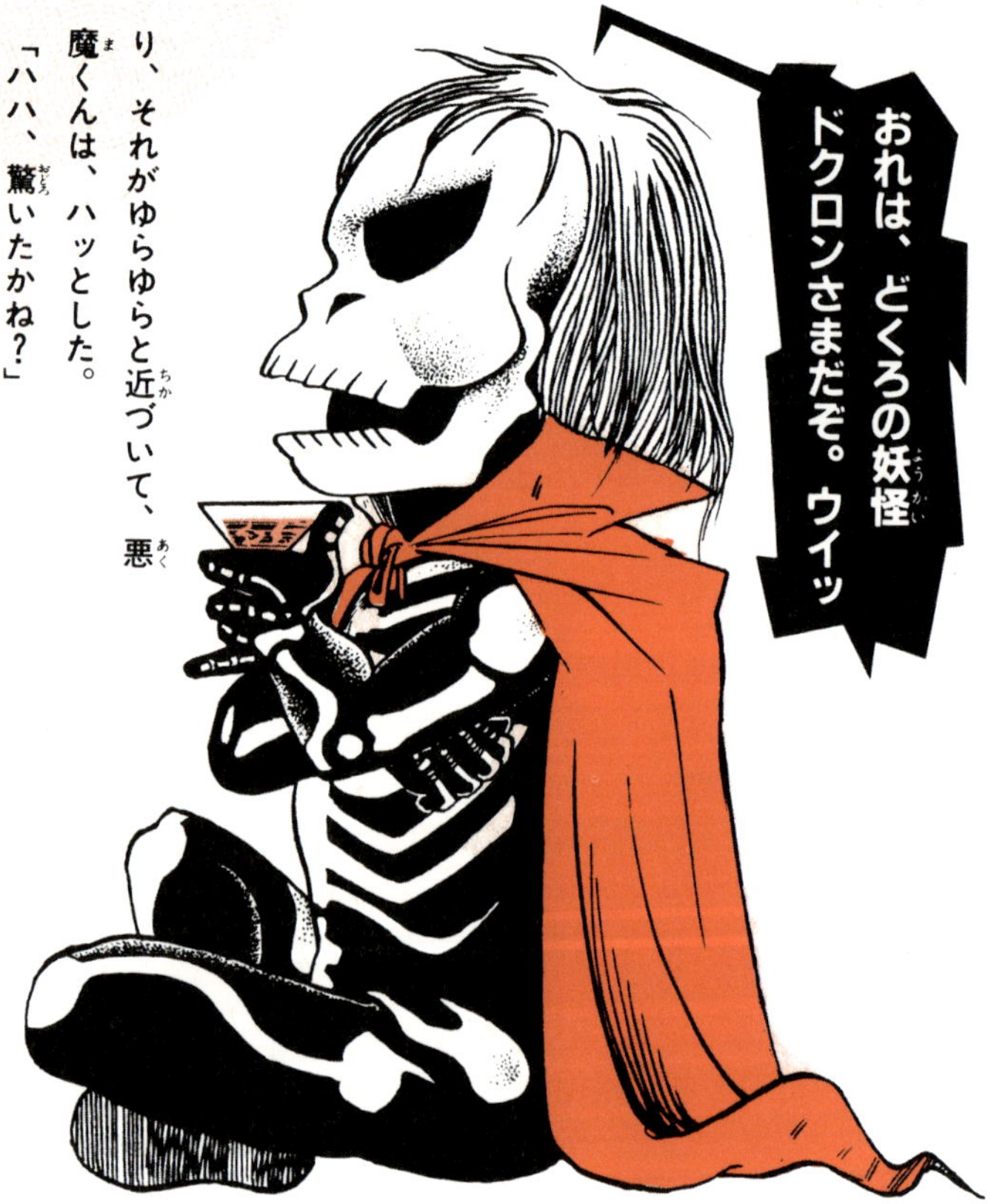

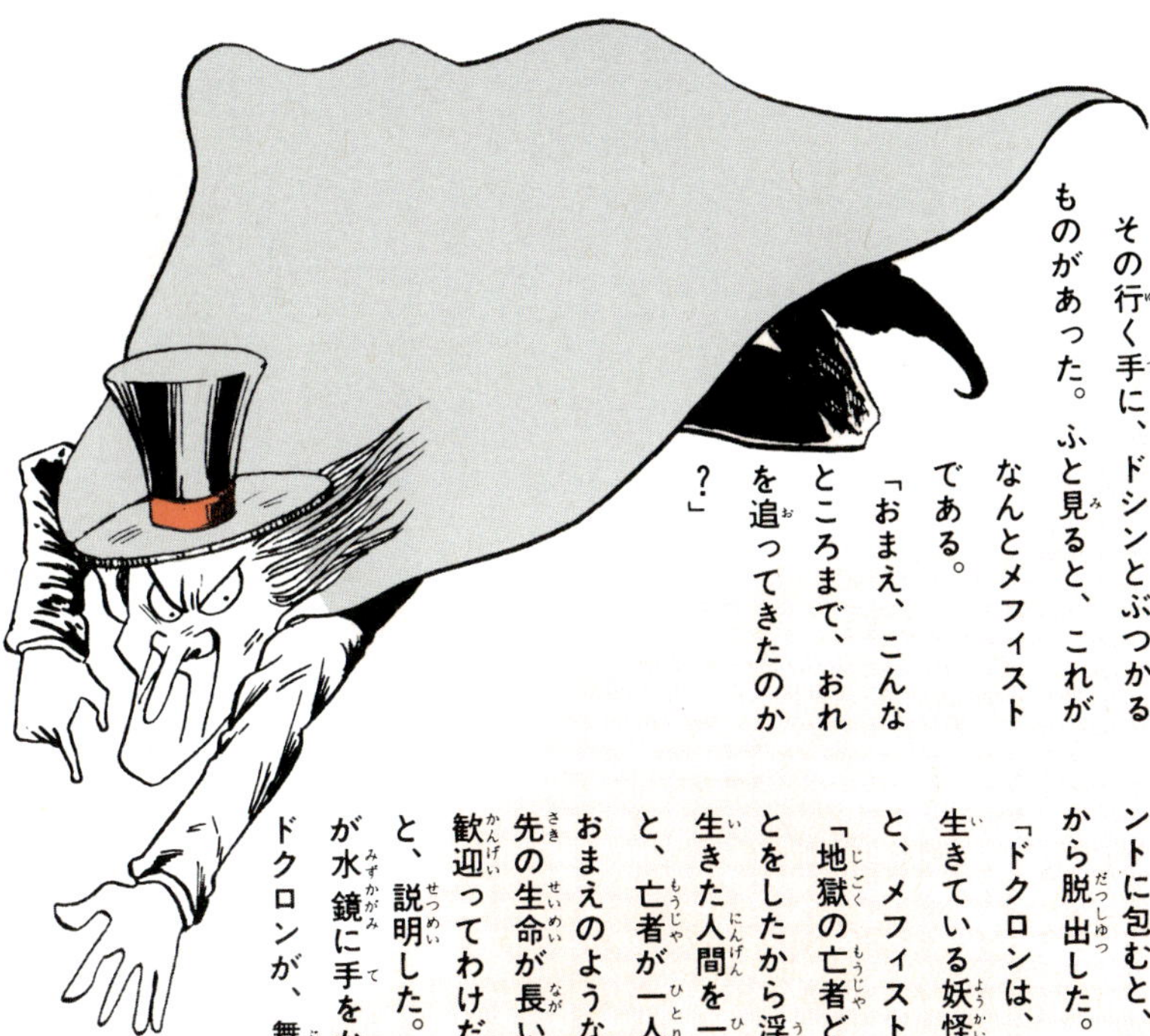

た。すると、人間《にんげん》のガキだ、とうなりをあげて、亡者《もうじゃ》どもがどっとおし寄《よ》せてきた。まさしく、ここは地獄《じごく》なのである。必死《ひっし》に逃《に》げる悪魔《あくま》くん。

その行《ゆ》く手《て》に、ドシンとぶつかるものがあった。ふと見《み》ると、これがなんとメフィストである。

「おまえ、こんなところまで、おれを追《お》ってきたのか？」

「ちがうよ。妖怪《ようかい》にやられたんだ。はやく現実《げんじつ》に戻《もど》してくれ」

「そいつぁ、たいへんだ」

メフィストは急《いそ》いで悪魔《あくま》くんをマントに包《つつ》むと、魔法陣《まほうじん》を通《とお》って地獄《じごく》から脱出《だっしゅつ》した。

「ドクロンは、死《し》の世界《せかい》で一千年《せんねん》も生《い》きている妖怪《ようかい》だ」

と、メフィストは言《い》った。そして、

「地獄《じごく》の亡者《もうじゃ》どもは、現世《げんせ》で悪《わる》いことをしたから浮《う》かばれない。だが、生《い》きた人間《にんげん》を一人《ひとり》地獄《じごく》に連《つ》れて来《く》ると、亡者《もうじゃ》が一人現世《ひとりげんせ》に戻《もど》れる。特《とく》におまえのようなガキなら、これから先《さき》の生命《せいめい》が長《なが》い。だから、亡者《もうじゃ》は大《だい》歓迎《かんげい》ってわけだ」

と、説明《せつめい》した。うなずいた悪魔《あくま》くんが水鏡《みずかがみ》に手《て》をかざすと、ピエロ姿《すがた》のドクロンが、舞台《ぶたい》の上《うえ》で奇妙《きみょう》な踊《おど》りを舞《ま》っている。

「あっ、ドクロンの踊《おど》りをやっていやがる。あれは人《にん》間《げん》を死《し》の世界《せかい》に送《おく》る前祝《まえいわ》いの踊《おど》りさ」

「えっ!?　情報屋《じょうほうや》たちが危《あぶ》ない」

悪魔《あくま》くんとメフィストが、遊園地《ゆうえんち》に駆《か》けつけると、紅子《べにこ》が現世《げんせ》に復活《ふっかつ》した亡者《もうじゃ》どもに追《お》いまわされていた。一足遅《あしおそ》く、子《こ》どもたちはみな、地獄《じごく》に落《お》ちてしまったのである。二人《ふたり》は、

ね、ねえ　へんな妖怪《ようかい》が　いばって　いるよ
あ、あいつ　ワインなんか　飲《の》んでいやがる

急《いそ》いで地獄《じごく》へともぐっていった。

そこでは、情報屋《じょうほうや》たちが、パンツ一枚《まい》にされて、ザルで池《いけ》の水《みず》をくまされていた。しかし、ザルでくむのだから、くんでもくんでも、池《いけ》の水《みず》は減《へ》らない。疲《つか》れきって泣《な》きだす子《こ》どもたちに、はげしい亡者《もうじゃ》のむちが飛《と》ぶ。

早《はや》く救出《きゅうしゅつ》しないと、たいへんなことになる、とメフィストは、ドクロンを探《さが》した。だが、ドクロンは、どうやら、再《ふたた》び現世《げんせ》へと逃《に》げていったようであった。そこで、二人《ふたり》は、またもや地上《ちじょう》へと出《で》て行《い》った。

逃《に》げるドクロンは、ふり向《む》きざまに短剣《たんけん》を投《な》げつける。メフィストが杖《つえ》でこれをたたき落《お》とすと、ドクロンはこんどはビュッと手《て》をふり、宙《ちゅう》に火《ひ》を走《はし》らせると、メフィストのマントを燃《も》やそうとした。

「あっちちち」

あわてて舞台《ぶたい》のほうへ逃《に》げ去《さ》るメフィストの背後《はいご》をねらって、ビューンと短剣《たんけん》が飛《と》ぶ。しかし、反射的《はんしゃてき》にふり向《む》いたメフィストは、杖《つえ》を放《ほう》り投《な》げてこれを打《う》ち落《お》とした。が、杖《つえ》もいっしょに舞台《ぶたい》に転《ころ》がり、このすきまをついてドクロンの短剣《たんけん》がうなり飛《と》び、ブスップスッとメフィストのマントの四方《しほう》を刺《さ》すと、身動《みうご》きできないようにしてしまった。

不気味《ぶきみ》に笑《わら》うドクロンは、短剣《たんけん》をパッと構《かま》えて、とどめを刺《さ》そうとした。そのとき、悪魔《あくま》くんが杖《つえ》を拾《ひろ》うがはやいか、メフィストに投《な》げつけた。メフィストがこれを手《て》にした瞬《しゅん》間《かん》、ドクロンの短剣《たんけん》が放《はな》たれ、間一《かんいっ》髪《ぱつ》で、メフィストはこれをたたき落《お》とすことができた。そして、杖《つえ》を天《てん》に向《む》かって一ふりすると、

「エイッ、魔力《まりょく》・落雷《らくらい》！」

いなずまがピカッと光《ひか》り、天地《てんち》をゆるがすような雷鳴《らいめい》がとどろいたかと思《おも》うと、ドクロン妖怪《ようかい》の上《うえ》に雷《かみなり》がさくれつした。さすがのドクロンも、雷《かみなり》の直撃《ちょくげき》を受《う》けてはたまらない。からだがこわれて、動《うご》けなくなってしまった。そこで、メフィストは魔法《まほう》の壺《つぼ》を取《と》り出《だ》し、魔力《まりょく》でこの中《なか》にドクロンを封《ふう》じこめると、言《い》った。

「やいドクロン、きさまを大気圏外《たいきけんがい》に追放《ついほう》してやる」

そして、杖《つえ》を大《おお》きくふると、

「エイッ、魔力《まりょく》・追放《ついほう》！」

すると、壺《つぼ》は天高《てんたか》く飛《と》んで行《い》き、やがて見《み》えなくなってしまった。

情報屋《じょうほうや》、貧太《ひんた》、そして紅子《べにこ》や他《た》の子《こ》どもたちも、無事《ぶじ》に地獄《じごく》から戻《もど》ることができた。

ヒヒヒ…地獄《じごく》に行《い》きたい子《こ》どもはいないかい？連《つ》れて行《い》ってあげるよ
東京チョコレ
全日本証券
清酒

第《だい》10話《わ》

鬼《おに》婆《ばば》

悪魔《あくま》くんたちは、ドライブを楽《たの》しむとちゅうで、不気味《ぶきみ》な森《もり》の中《なか》に迷《まよ》いこんでしまった。

お民《たみ》という美《うつく》しい村娘《むらむすめ》の案内《あんない》で、宿《やど》をとることになったが、実《じつ》はこの村《むら》には恐《おそ》ろしい鬼婆《おにばば》がいて、村人《むらびと》にいけにえを差《さ》し出《だ》させているという。

そこで、悪魔《あくま》くんとメフィストは、この鬼婆《おにばば》を退治《たいじ》しようと、鬼婆《おにばば》の住《す》む森《もり》へ出《で》かけていった。

ところが、なんと、その鬼婆《おにばば》の正《しょう》体《たい》は、美《うつく》しい村娘《むらむすめ》、お民《たみ》であった。

解説

南條竹則（作家・翻訳家）

水木しげるの「悪魔くん」は、悪魔に関する世界のさまざまな伝承や文学作品を素材としてつくりあげた悪魔漫画の傑作です。

日本に生まれた一人の天才少年が、偉大な魔術師ファウスト博士に助けられて、大いなる力を持つ悪魔を地下から呼び出し、人類の幸せのために働かせようとします。

そんな物語の背景にある悪魔学や魔術について、絵をつけてやさしく解説したのが、この『悪魔くん魔界大百科』です。ここでは悪魔くんとメフィストが案内人になり、昔の人が信じていた悪魔たちを紹介し、魔法の歴史や悪魔の性質などについてお教えします。また、水木しげるの作品の中で、ペロリゴンや水妖怪などの妖怪を悪魔くんが退治するようすも記しています。

本書は、子供のみなさんも、また子供の頃に、毎週雑誌やテレビで「悪魔くん」の活躍をワクワクしながら見た大人のみなさんも楽しめる内容だと信じています。

水木しげる
悪魔くん 魔界大百科

2017年3月4日　初版第1刷発行

著　者　水木しげる
発行者　山川史郎
発行所　株式会社　小学館クリエイティブ
〒101-0051　東京都千代田区神田神保町2-14
SP神保町ビル
電話　0120-70-3761(マーケティング部)
発売元　株式会社　小学館
〒101-8001　東京都千代田区一ツ橋2-3-1
電話　03-5281-3555（販売）
印刷・製本　図書印刷株式会社
装　丁　三宅政吉
販　売　北森 碧（小学館）
編　集　山田英生
DTP　オフィスアスク

Printed in Japan
ISBN　978-4-7780-3525-9